초등학생이 꼭 알아야 할
식물 이야기 33가지

글쓴이 이소형

건국대학교 가정관리학과를 졸업하고 월간 유아와 월간 앙쥬에서 취재 기자로 활동하였습니다. 지금은 어린이 책을 만드는 작가 공동체 '아작'의 작가이며, 자유기고가로도 활동하고 있습니다. 지은 책으로는 그림 동화 『별주부 타령』과 『우리 언니 족두리』, 『흔이의 선원 일기』, 『왜 희귀 동물은 위기에 처해 있을까요?』, 『왜 선인장은 주름이 있을까요?』, 『대왕세종을 만든 사람들』, 『우리 겨레의 위대한 상상력 '발명품'』 등이 있습니다.

그린이 쌈팍

실력 있는 아티스트들로 구성된 일러스트 전문 팀입니다. 그린 책으로는 아울북의 『초등교과서 단어의 비밀』, 『디스커버리 수학』, 『초등수학 개념사전』 등이 있습니다.

초등 필수지식 삼삼 시리즈 29
초등학생이 꼭 알아야 할 식물 이야기 33가지

글쓴이 이소형   **그린이** 쌈팍

1판 1쇄 발행 2010년 3월 30일
1판 2쇄 발행 2013년 12월 27일

펴낸이 김영곤
부사장 임병주
기획 블루마크_최정미, 이은아, 이성림, 윤대영, 김진철
에듀콘텐츠개발실장 김수경 **팀장** 김지혜 **기획개발** 김경애 안지선
마케팅영업본부장 이희영 **아동영업** 장명우 유선화
디자인 표지_씨디자인, 본문_최은 **편집** 다우

펴낸곳 (주)북이십일 을파소
출판등록 2000년 5월 6일 제 10-1965호
주소 (우 413-756) 경기도 파주시 회동길 201(문발동)
연락처 031-955-2400(마케팅) 031-955-2729(기획편집) 031-955-2177(팩스)
이메일 eulpaso@book21.co.kr   **홈페이지** http://www.book21.com

값 9,800원
ISBN 978-89-509-2262-7 73400
      978-89-509-1734-0 (세트)

이 책 내용의 일부 또는 전부를 재사용하려면 반드시 (주)북이십일의 동의를 얻어야 합니다.
잘못 만들어진 책은 구입하신 서점에서 교환해 드립니다.

초등 필수지식
삼삼 시리즈

초등학생이 꼭 알아야 할
식물 이야기 33가지

이소형 글 | 쌈팍 그림

을파소

● 머리말

　아침에 눈을 뜨는 순간부터 늦은 밤, 잠자리에 들 때까지 우리는 다양한 종류의 식물을 만나요. 거실 한켠에 놓인 작은 화분에서부터 길가에 핀 예쁜 들꽃과 가로수 등 곳곳에서 식물을 볼 수 있지요. 사람이 살아가는 곳이라면 어디든지 식물이 함께 있다고 해도 과언이 아니에요.
　식물은 매일같이 엄청난 활동을 하고 있어요. 잎에서는 이산화탄소를 흡수하고 뿌리에서는 물을 흡수해서 햇빛을 이용해 영양분을 만들지요. 이것을 광합성이라고 해요. 식물은 광합성을 통해 스스로 영양분을 만들어 내어 매일매일 성장하고 있어요. 이 과정에서 식물은 사람에게 무척이나 고마운 선물을 주지요. 이산화탄소를 산소로 바꾸어 사람이 숨을 쉴 수 있게 하고, 탄수화물이라는 영양분도 만들어 주니까요.
　그럼 식물은 자신에게 필요한 물과 무기 양분을 어떻게 얻을까요?
　다들 알고 있듯이 뿌리를 통해 흡수해요. 이때 식물은 흙 속의 농도와 뿌리

의 농도 차이를 이용해 농도가 낮은 흙 속의 물을 뿌리로 흡수하지요. 이것을 삼투 현상이라고 해요. 그렇게 흡수된 물은 어떻게 줄기로 이동할까요? 바로 뿌리압과 증산 작용, 그리고 모세관 현상으로 높은 줄기 끝까지 물이 이동해 갈 수 있어요.

  그럼 땅속에 뿌리를 내리고 살아가는 식물은 추위나 더위로부터 어떻게 살아남을 수 있을까요? 또 세상에서 가장 큰 나무의 키는 얼마나 될까요? 식물도 과연 스트레스를 받을까요?

  식물에 대한 궁금증의 답이 바로 이 책에 있답니다. 식물이 살아가는 방법을 알면 알수록 궁금증은 더욱 커질 거예요. 또 그 답을 알아가면서 식물의 신비한 능력에 놀라게 될 거예요.

2010년 2월 이소형

● 차례

머리말　　　　　　　　　　　　　　　　　　　4

I 신비한 식물의 구조

01 뿌리 속은 어떻게 생겼을까?　　　　　　　10
02 뿌리는 어떻게 물을 빨아들일까?　　　　　14
03 물관과 체관은 어떤 일을 할까?　　　　　　18
04 식물은 물을 어떻게 위로 끌어올릴까?　　22
05 식물은 왜 물을 뿜어낼까?　　　　　　　　26
06 기공은 어떻게 열리고 닫힐까?　　　　　　28
07 증산 작용은 언제 잘 일어날까?　　　　　　32
08 식물은 무엇으로 자랄까?　　　　　　　　　36
09 나무는 얼마나 높이 자랄까?　　　　　　　40
10 나이테로 방향을 알 수 있을까?　　　　　　44

II 광합성과 호흡

11 식물은 어떻게 광합성을 할까?　　　　　　50
12 엽록소는 어떤 빛을 좋아할까?　　　　　　54
13 식물이 광합성을 잘할 때는 언제일까?　　58
14 엽록체 공장에서는 무슨 일을 할까?　　　60
15 지구에 식물이 없다면 어떻게 될까?　　　62
16 광합성의 비밀은 어떻게 밝혀졌을까?　　66
17 광합성을 흉내 낼 수 있을까?　　　　　　70

18	숲을 가꿔야 하는 이유는?	72
19	식물도 숨을 쉴까?	74
20	식물은 어떻게 숨을 쉴까?	78
21	탄소는 지구를 어떻게 돌고 돌까?	80
22	산소 없이 살 수 있을까?	84

Ⅲ 환경과 반응

23	식물도 자극에 반응할까?	88
24	식물도 호르몬을 분비할까?	92
25	식물도 온도의 영향을 받을까?	94
26	식물은 언제나 빛을 좋아할까?	98
27	사막에서 식물이 살 수 있을까?	102
28	식물도 겨울잠을 잘까?	106
29	식물은 추운 겨울을 어떻게 이겨 낼까?	108
30	식물은 어떻게 스스로를 지킬까?	112
31	식물도 화학 무기를 쓸까?	114
32	식물도 전쟁을 할까?	118
33	벌레를 잡아먹는 식물도 있을까?	122

찾아보기 126
관련 교과 128

Ⅰ 신비한 식물의 구조

식물은 어떻게 물을 마시고 자라는 걸까?
식물의 몸속에서 어떤 일이 벌어지고 있는지
돋보기를 들고 따라와 봐.

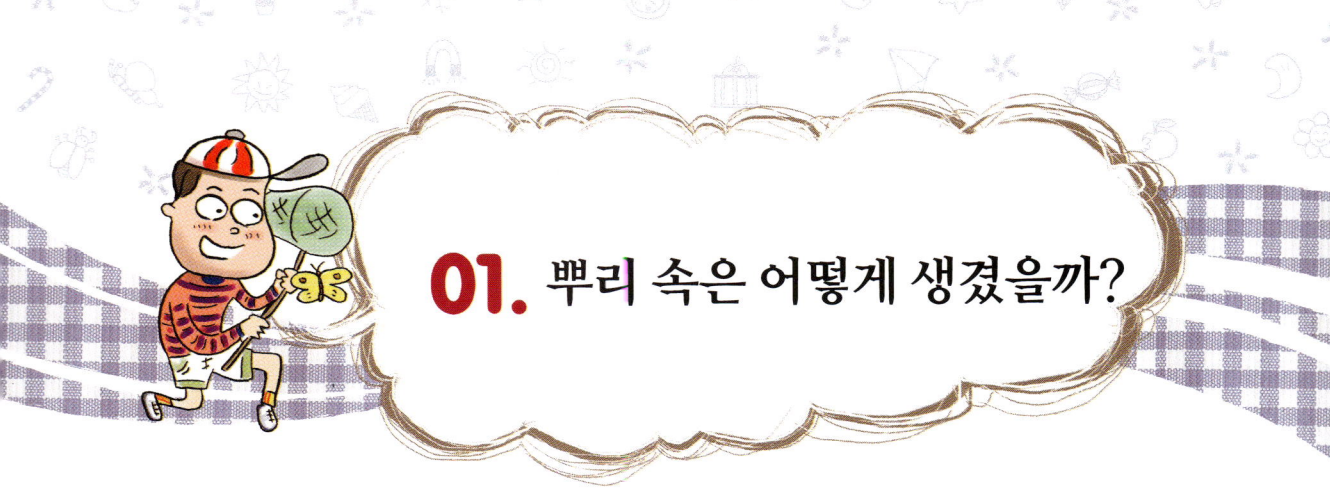

01. 뿌리 속은 어떻게 생겼을까?

일요일 아침, 등산을 갈 때마다 항상 앞장을 서는 녀석이 있어. 바로 봄비야. 봄비는 신비한 능력을 가진 강아지인데 식물에 대해서는 누구보다 많이 알고 있어. 그래서 식물을 사랑하는 마음도 어느 누구 못지않게 크지.

한번은 창가에 놓아 둔 예쁜 국화꽃이 시들시들 말라죽어 가고 있었어. 하지만 아무도 그 사실을 몰랐지. 그러던 어느 날 봄비가 화분을 보며 짖어 대는 거야. 그건 빨리 물을 주라는 뜻이었어. 아마 내가 오랫동안 물 주는 걸 깜빡하고 있었던 모양이야.

서둘러 물을 흠뻑 주자 다음 날 국화꽃이 생생하게 살아났어. 봄비는 식물도 우리처럼 물을 마셔야 살 수 있다는 걸 알고 있었던 거지. 봄비가 정말 대단하지?

그런데 궁금한 게 생겼어. 식물은 어디로 물

을 마시는 거지?

뿌리가 하는 일

식물은 뿌리로 물을 빨아들여. 그리고 뿌리가 물을 빨아들일 때 흙 속에 있는 양분도 함께 빨아들이지. 우리가 우유를 마셔 칼슘을 얻고, 야채를 통해 비타민을 얻는 것처럼 식물도 매일 물을 빨아들여 필요한 양분을 흡수하는 거야.

이처럼 흙 속의 물과 양분을 빨아들여서 식물을 무럭무럭 자라게 하는 일, 그게 뿌리가 맡은 중요한 임무 중 하나야. 그리고 뿌리는 흡수한 양분 중에서 쓰고 남은 양분을 저장하는 창고 역할도 해. 우리가 먹는 고구마가 바로 그런 역할을 하는 뿌리야. 무나 당근도 마찬가지지.

뿌리가 하는 일은 또 있어. 자잘하게 난 뿌리털로 숨을 쉬고, 식물이 쓰러지지 않도록 몸을 지탱해 주지.

물과 양분을 빨아들인다.

쓰고 남은 영양분을 저장한다.

뿌리털로 호흡한다.

식물이 쓰러지지 않게 지탱한다.

뿌리가 하는 일이 정말 많지? 여기서 또 하나 알아 두어야 할 것은 식물이 뿌리로 빨아들이는 양분은 무기 양분인데 이 무기 양분이 식물에게 무척 중요하다는 거야.

무기 양분이 뭐냐고? 음식에 주로 들어 있는 탄수화물이나 지방, 단백질 등을 유기 양분이라고 해. 우리가 먹는 곡식이나 육류, 생선 등이 유기 양분이지. 그에 비해 무기 양분은 탄소를 포함하지 않는 무기 물질의 양분을 말해. 식물이 주로 필요로 하는 무기 양분은 칼슘, 마그네슘, 염소, 나트륨, 황 등이야. 그래서 식물이 자라는 흙 속에 이런 무기 양분이 부족할 경우, 비료를 주어서 채워 주지.

쓱싹쓱싹 뿌리를 잘라 보자

그럼 식물의 뿌리 속은 어떻게 생겼을까? 겉보기에는 그냥 단단한 덩어리인 것 같은데 물과 양분을 빨아들이고, 숨을 쉬고, 양분도 저장한다니 속이 어떻게 생겼는지 정말 궁금하지? 뿌리를 세로로 잘라 보자고!

뿌리를 세로로 잘랐을 때, 뿌리의 가장 끝부분에 있는 것이 뿌리골무야. 바느질할 때 손가락을 보호하려고 끼우는 것을 골무라고 하는데 뿌리 끝도 마치 골무를 끼고 있는 것처럼 생겼어. 죽은 세포들이 모여 단단해진 뿌리골무는 뿌리를 자라게 하는 생장점을 보호하는 역할을 해. 식물은 뿌리와 줄기 끝에 생장점이 있어서 살아 있는 동안 계속 자라는 거야.

자, 다음엔 털 얘기를 해볼까? 뿌리 주위에 나 있는 가는 털들 보이지. 그 털이 바로 뿌리털이야. 이 뿌리털은

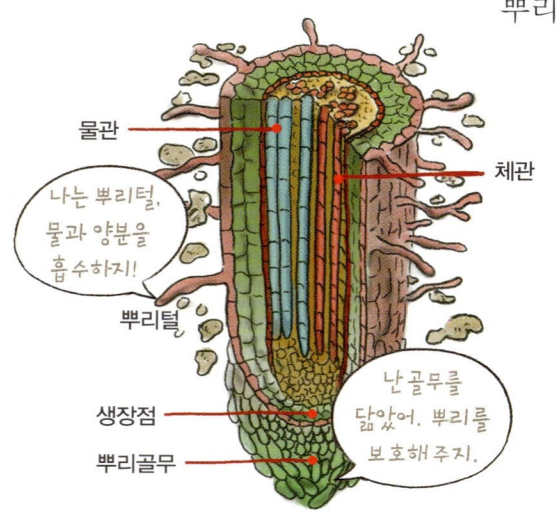

땅속에 있는 물과 양분을 빨아들이는 일을 해.

그리고 가운데 가늘고 긴 관이 보이지? 이 관은 물과 영양분이 다니는 길이야. 뿌리털에서 흡수한 물이 이동하는 관을 물관이라고 해. 그리고 물관 옆에는 녹말 등의 영양분이 다니는 길인 체관도 있어. 어때? 뿌리 속을 들여다보니까 뿌리가 어떤 일을 하는지 한눈에 알 수 있겠지?

떡잎을 보면 뿌리도 알 수 있다고?

식물은 뿌리의 생김새에 따라 두 종류로 나눌 수 있어. 곧게 뻗은 큰 뿌리 하나에 가느다란 곁뿌리가 많이 나 있으면 원뿌리와 곁뿌리를 가진 식물이라고 해. 봉숭아나 민들레, 해바라기, 복숭아 등이 여기에 해당되지. 또 보리나 강아지풀, 양파, 옥수수처럼 뿌리 전체가 가는 수염처럼 생긴 건 수염뿌리를 가진 식물이라고 해.

이렇게 식물을 두 종류로 나누는 이유는 뿌리의 생김새에 따라 떡잎의 수가 다르기 때문이야. 떡잎은 씨에서 처음 싹이 나올 때의 어린잎인데 '원뿌리와 곁뿌리'를 가진 식물은 떡잎이 2장이고, '수염뿌리'를 가진 식물은 떡잎이 1장이거든. 그래서 각각 쌍떡잎식물과 외떡잎식물이라고 부르지. 자, 이제 떡잎을 보면 뿌리가 어떻게 생겼는지 알 수 있겠지?

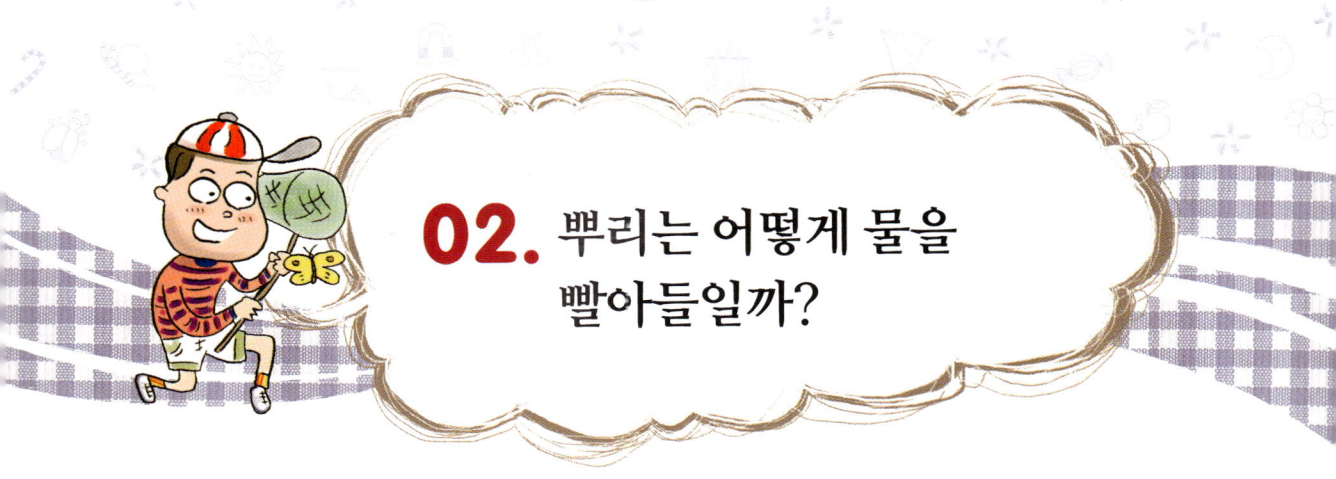

02. 뿌리는 어떻게 물을 빨아들일까?

봄비는 식물을 좋아하지만 먹는 것도 좋아해. 간식으로 삶은 고구마를 주었더니 껍질과 뿌리에 난 잔털까지 깔끔하게 먹어 치우는 거야. 껍질이야 영양분이 많다는 얘길 들은 적이 있지만 잔털까지 먹다니! 우리는 자잘한 털은 다 잘라 내고 큰 뿌리만 먹는데 말이야.

하지만 하찮아 보이는 이 잔털이 식물에겐 아주 중요해. 왜냐고? 뿌리가 흙 속에서 물을 빨아들이려면, 촉수처럼 길게 뻗은 뿌리털이 꼭 필요하기 때문이야.

뿌리털이 하는 일은?

분갈이를 하는 걸 본 적 있니? 나무를 다른 화분이나 다른 곳에 옮겨 심는 것 말이야. 그런데 분갈이를 할 때는 뿌리에 묻은 흙을 털어 내지 않고 흙과 함께 그대로 옮겨 심어. 그 이유는 뭘까? 바로 뿌리털을 다치지 않게 하기 위해서야. 뿌리털이 다치면 나무가 잘 자라지 못하거든.

뿌리털은 뿌리의 가장 바깥 세포(표피 세포)가 길게 자라나서 만들어진 거야. 뿌리는 한시도 쉬지 않고 길고 섬세한 뿌리털을 부지런히 만들어 내고 있지. 뿌리가 이렇게 뿌리털을 만들어 내는 이유는 흙과 닿는 부분을 더 넓히려는 거야. 그래야 물을 더 빨리, 더 많이 빨아들일 수 있거든.

그렇다면 나무의 뿌리에 난 뿌리털을 모두 모아 펼치면 넓이가 얼마나 될까? 이것을 알아보려고 어떤 사람이 호밀 뿌리로 실험을 했대. 그랬더니 부피가 5리터 정도 되는 뿌리털의 겉넓이가 테니스장 2개의 넓이와 같았어. 또 하루 동안 자라는 뿌리털의 길이를 모두 합쳐 봤더니 9킬로미터나 되었대. 정말 대단하지?

- **표피 세포**
  식물의 표면을 덮는 세포. 사람의 피부 세포에 해당하는 세포로, 식물을 보호하는 역할을 한다.
- **호밀**
  볏과의 식물로 잎은 밀보다 작고 짙은 녹색이다. 주로 열매를 가루로 내서 먹는다.

 뿌리털이 없는 식물도 있을까?

대부분의 식물에겐 뿌리털이 있지만 그렇지 않은 식물도 있어. 물속에 사는 식물이나, 육지 식물이라도 물속에서 키운 식물에는 뿌리털이 없지. 이런 식물들은 뿌리가 물속에 잠겨 있어서 다른 식물들처럼 물을 찾으려고 멀리까지 뿌리털을 뻗을 필요가 없어.

한편 다른 식물에 붙어서 사는 식물에도 뿌리털이 없지. 이처럼 뿌리털은 식물이 사는 환경에 따라 더 많아지기도 하고 줄어들기도 하고, 아예 없기도 해.

Ⅰ 신비한 식물의 구조

놀라운 삼투 현상의 원리

그렇다면 뿌리털은 물을 어떻게 빨아들일까? 그것을 알아보기 전에 잠깐 퀴즈! 다음에 일어난 일들의 공통점을 찾아봐!

1) 소금에 절인 배추가 쪼그라들었어.
2) 냉장고에 야채가 시들어서 물을 뿌려 줬더니 싱싱해졌어.
3) 목욕탕에 오래 있었더니 손바닥이 쪼글쪼글해졌어.

너무 어렵다고? 그럼 힌트 하나 줄게. 쭈글쭈글한 풍선에 물을 가득 채우면 어떻게 될까? 주름이 펴지면서 부피가 늘어나겠지. 하지만 물을 뺀다면? 풍선이 다시 줄어들 거야. 손바닥이 쪼글쪼글해지거나, 소금에 절인 배추가 쪼그라든 것도 마찬가지야. 그 속에 있던 물이 빠져나갔기 때문이지. 물론 시든 야채가 싱싱해진 것은 반대로 물을 빨아들였기 때문이야.

그러니까 퀴즈의 정답은 '물의 이동과 관련이 있다'야. 그런데 서로 다른 공간에 있던 물이 한쪽에서 다른 쪽으로 이동을 했다니, 도대체 물은 어떻게 옮겨 간 거지?

간단한 실험을 해보자. 물에 적당한 양의 소금을 녹이면 소금은 모두 녹아서 짠맛을 고르게 내는 소금물이 될 거야. 하지만 여기서는 물은 통과할 수 있지만 소금은 통과하지 못하는 얇은 막을 가운데

에 세운 그릇을 준비해. 그런 다음 한쪽은 소금을 많이 넣어 농도가 높은 소금물을 넣고 다른 한쪽은 소금을 적게 넣어 농도가 낮은 소금물을 넣는 거야. 어떻게 됐을까?

　소금은 여전히 물에 골고루 퍼져나가고 싶어 해. 하지만 가운데에 막아 둔 막을 통과하지 못하니까, 물이 대신 옮겨 가지. 이런 걸 '삼투 현상'이라고 해. 삼투 현상은 소금과 같이 큰 알갱이는 통과하지 못하고, 물처럼 작은 알갱이는 통과할 수 있는 막(반투막)을 통해서, 물이 농도가 낮은 곳에서 높은 곳으로 이동하는 것을 말하는 거야.

　식물의 뿌리가 물을 흡수하는 것도 이런 원리야. 흙 속의 농도가 뿌리 속의 농도보다 낮기 때문에, 흙 속에 있던 물이 뿌리털로 옮겨 가는 거지. 이때 뿌리털의 표면이 반투막 역할을 하는 거야.

- **농도**
용액의 진하고 묽은 정도를 말한다.
- **삼투 현상**
막(반투막)을 사이에 두고 양쪽 용액에 농도 차이가 있을 때 용매가 농도가 낮은 곳에서 높은 곳으로 이동하는 것.
- **반투막**
혼합물 중에서 일부만 통과시키고 다른 것은 통과시키지 않는 막.

🌿 생물에게 고마운 반투막

반투막은 식물의 뿌리털뿐 아니라 동물에게도 있어. 소나 돼지의 방광막이나, 조류나 파충류의 알 안쪽에 있는 얇은 막인 난각막도 모두 반투막이야. 그 원리는 식물의 뿌리털과 같지. 생물들은 반투막을 적절히 이용해서 자기 몸에 필요한 성분을 빨아들이기도 하고, 나쁜 성분을 몸 밖으로 내보내기도 해.

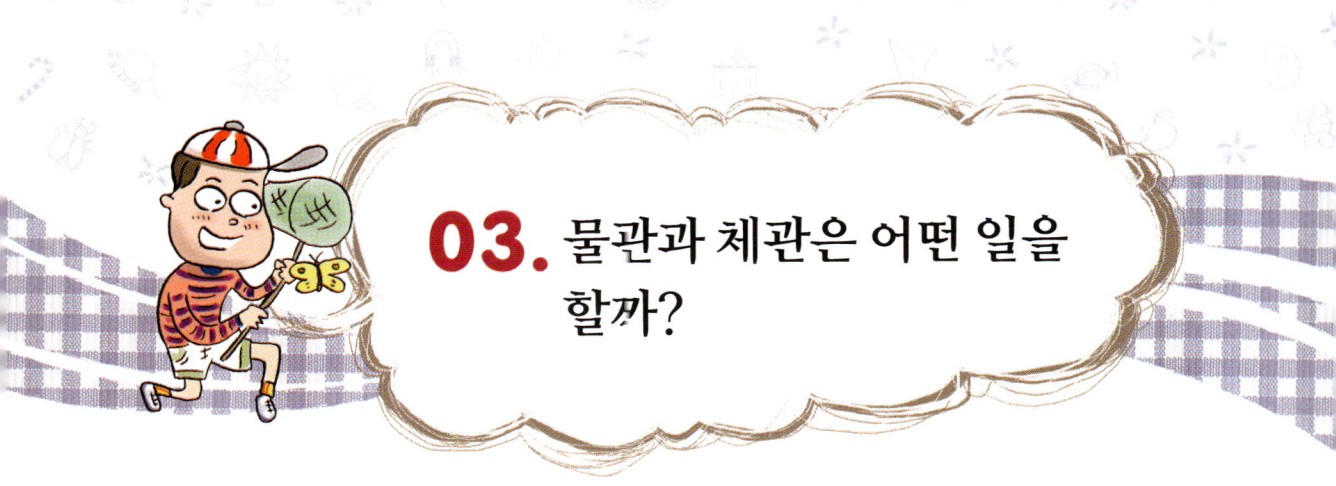

03. 물관과 체관은 어떤 일을 할까?

봄비가 나무 옆에서 꼼짝 않고 있어. 나무 기둥에 귀를 대고 들어 보면 나무가 건강한지 아닌지 알 수 있대. 봄비! 무슨 소리가 들려? 나무가 물을 빨아올리는 소리가 들린다고?

물이 다니는 물관

뿌리가 열심히 빨아들인 물은 도대체 어디로 흘러가는 걸까? 앞에서 뿌리에는 물이 다니는 가느다란 물관이 있다고 했지? 이 물관은 줄기와 잎까지 길게 연결되어 있어. 그래서 뿌리에서 흡수한 물은 이 물관을 통해 줄기와 잎까지 올라가게 되지.

물관은 물이 다니는 길이지만 물에 녹아 흡수된 무기 양분도 함께 다니는 곳이야. 마치 빨대처럼 긴 대롱 모양으로 생겼지. 그리고 세

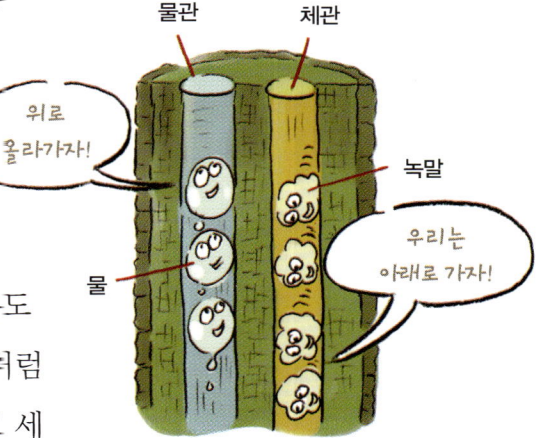

포벽이 두껍고 죽은 세포들이 위아래로 곧게 이어져 있어.

양분이 다니는 체관

그런데 줄기에는 이 길 말고도 또 다른 길이 있어. 바로 식물이 만들어 낸 양분인 녹말이 다니는 체관이야. 녹말은 잎에서 만들어져서 이 길을 통해 식물의 몸 곳곳에 전달되지. 체관은 관 중간에 세포벽이 있고 양분이 잘 다닐 수 있게 작은 구멍이 나 있어.

잠깐! 그런데 체관으로 양분이 다닌다는 건 어떻게 알 수 있을까? 우선 식물 줄기의 껍질을 고리 모양으로 벗기는 거야. 이때 사용하는 식물은 쌍떡잎식물이어야 해. 쌍떡잎식물은 체관이 겉껍질에서부터 일정한 위치에 있어서 벗겨 내기가 쉽거든. 그런 다음 오랜 시간이 지나면 그림처럼 위쪽이 두꺼워지게 돼. 왜 이런 모습이 되는 걸까?

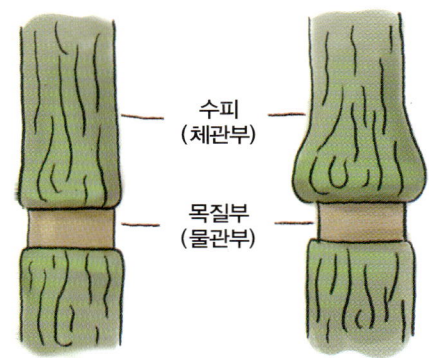

쌍떡잎식물의 겉껍질을 벗겨 오래 두면 위쪽이 두꺼워진다.

그 이유는 껍질을 벗길 때 줄기 바깥쪽에 있는 체관이 함께 떨어져 나갔기 때문이야. 그러면 잎에서 만든 영양분이 껍질을 벗긴 아래쪽으로 내려가지 못하고 잘린 부위에 모이게 돼. 그래서 위쪽이 볼록해지는 거야.

외떡잎식물이 날씬한 이유

그럼 물관과 체관 말고 다른 길은 없을까? 그렇지 않아. 어떤 식물에는 물관과 체관 사이에 부피를 자라게 하는 '부름켜'라는 게 있거든. 뿌리와

Ⅰ 신비한 식물의 구조 19

줄기의 생장점이 식물을 위아래로 자라게 한다면, 부름켜는 식물을 옆으로 자라게 해. 그래서 줄기가 굵어지는 거야. 이런 부름켜를 '형성층'이라고도 해.

그런데 부름켜는 쌍떡잎식물과 겉씨식물에만 있고 외떡잎식물에는 없어. 그래서 벼, 보리, 옥수수, 갈대, 강아지풀과 같은 외떡잎식물은 위로만 길게 자라지.

 세포란?

세포는 생물의 몸을 이루는 가장 작은 단위야. 생물은 대개 수많은 세포로 이루어져 있어. 식물과 동물은 세포가 조금 다른데 가장 큰 차이는 식물에만 세포벽이 있다는 거야. 세포를 둘러싼 세포막 주변을 세포벽이 또다시 둘러싸고 있지. 그 안에는 엽록체와 핵, 세포질 등이 있어.

관이 모여 있는 관다발

이렇게 식물에 난 두 가지 길, 즉 물관과 체관을 합쳐서 관다발이라고 불러. 여러 개의 관이 다발 모양을 이루기 때문이지. 그런데 이 관다발은 식물에 따라 조금씩 모양이 달라.

무궁화, 봉숭아, 민들레, 강낭콩과 같은 쌍떡잎식물은 부름켜가 있고, 관다발이 규칙적으로 배열돼 있어. 하지만, 벼, 보리, 억새와 같은 외떡잎식물은 부름켜가 없고 관다발이 불규칙하게 퍼져 있지. 또 관다발이 아예 없는 식물도 있어. 그래서 식물은 크게 관다발이 있는 식물과 없는 식물로도 나눌 수 있지.

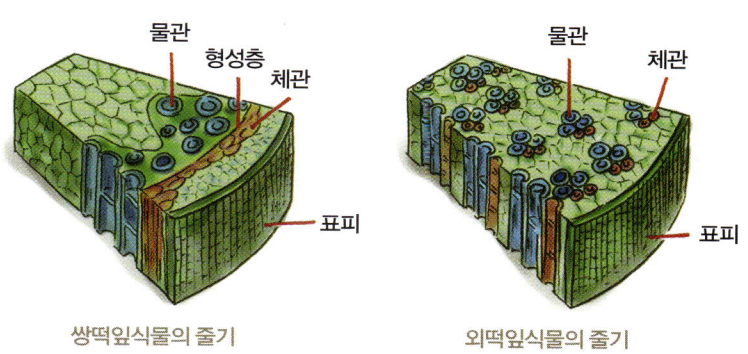

쌍떡잎식물의 줄기   외떡잎식물의 줄기

관다발은 고등 식물에 속하는 양치식물과 종자식물만이 가지고 있어. 따라서 물속 생활을 하는 미역, 다시마 등의 조류나, 물속과 육상 생활의 중간 단계 식물인 이끼류(선태식물)에서는 관다발을 찾아볼 수 없지.

양치식물과 종자식물

양치식물은 위에서 말한 것처럼 관다발을 가진 식물이야. 그리고 꽃이 피지 않고, 씨 대신 포자로 번식하는 특징이 있지. 포자는 홀씨라고도 불리는데, 짝을 만나 번식하는 게 아니라 부모 식물에게서 홀로 떨어져 나와 자라는 거야. 고사리와 석송이 대표적인 양치식물이지.
종자식물은 종자(씨)로 번식하는 식물이야. 암술의 밑씨가 수술의 꽃가루를 받아 수정을 해서 씨를 만들지. 겉씨식물과 속씨식물 모두 종자식물이야. 종자식물은 가장 진화한 식물로, 대부분의 식물이 해당돼. 세계적으로 20만 종이 넘을 만큼 아주 많지.

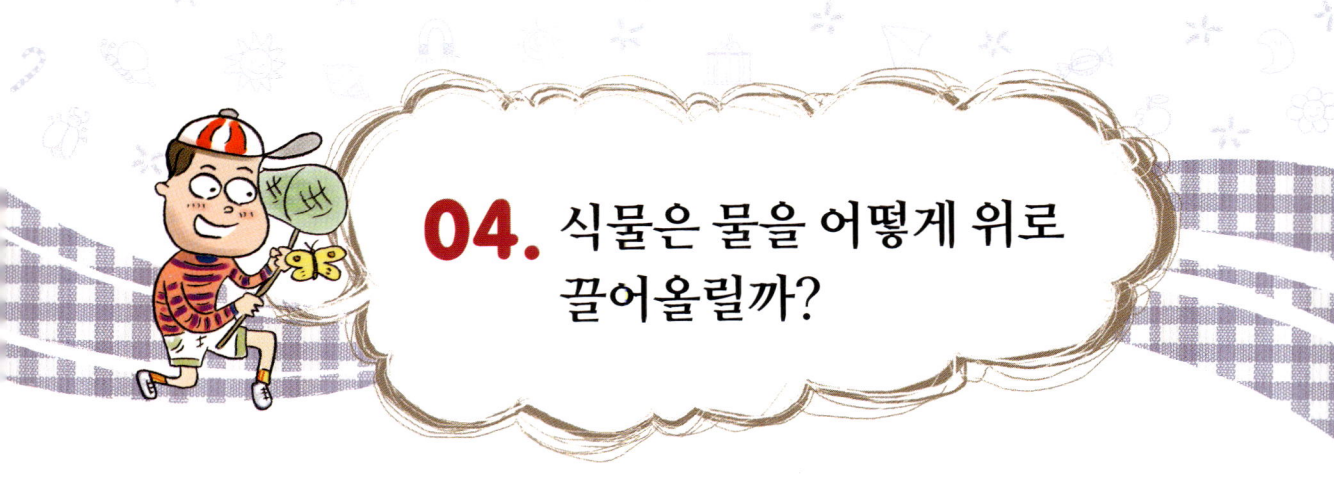

04. 식물은 물을 어떻게 위로 끌어올릴까?

지금까지 뿌리에서 흡수된 물이 관다발을 통해 식물의 몸 곳곳으로 이동한다는 것을 알았어. 그런데 잠깐, 한 가지 이상한 게 있어. 물은 위에서 아래로 흐르잖아. 그렇다면 어떻게 뿌리가 흡수한 물을 줄기와 잎까지 보내는 걸까?

미국 캘리포니아에 있는 세쿼이아 나무는 키가 100미터도 넘는대. 그런데도 말라죽지 않고 무럭무럭 자라는 걸 보면 정말 신기하지. 혹시 식물의 몸속에는 물을 끌어올리는 자동 펌프라도 들어 있는 걸까?

물을 끌어올리는 힘

식물의 몸속에 자동 펌프는 없지만, 식물의 구조와 여러 가지 힘들이 어우러져 물을 끌어올리는 놀라운 일이 일어나고 있지. 자, 지금부터 그 놀라운 과정에 대해 알아볼까?

식물이 물을 위로 끌어올릴 수 있는 가장 큰 이유는 잎에서 물이 빠져나가기 때문이야. 잎의 뒷면에는 공기가 드나드는 기공이라는 곳이 있는데, 이곳을 통해 물이 식물의 몸 밖으로 빠져나가거든.

그런데 식물의 잎에서 물방울이 나오는 것을 본 적이 없는데 물이 빠져나간다는 걸 어떻게 알 수 있는 거지?

당연히 우리 눈으로는 볼 수 없어. 식물 몸속에 들어 있는 물은 액체인 물방울로 나오는 게 아니라, 기체인 수증기가 되어 빠져나가거든. 마치 더운 날 물 컵에 둔 물이 증발되어 날아가는 것과 비슷하지. 이렇게 잎의 기공을 통해 물이 수증기 상태로 빠져나가는 것을 '증산 작용'이라고 불러.

식물은 이렇게 증산 작용을 할 때 빠져나간 물을 보충하려고 해. 그래서 잎까지 뻗어 있는 물관에 든 물 분자를 잡아당기는 거야. 그러면 잡아당겨진 물 분자는 혼자만 끌려가지 않고 다른 물 분자들을 또 잡아당겨. 물 분자들은 서로 붙어 있으려고 하는 성질이 있거든.

이렇게 물 분자들끼리 끌어당기는 힘을 '응집력'이라고 불러. 컵에 물을 가득 따랐을 때 흘

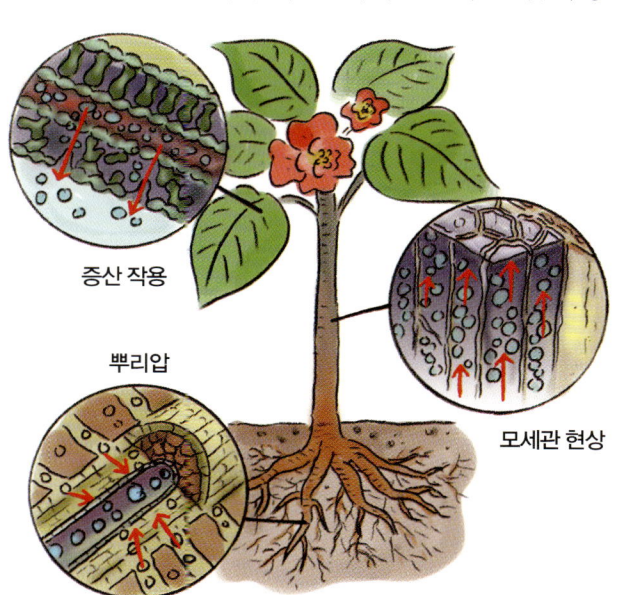

증산 작용

뿌리압

모세관 현상

Ⅰ 신비한 식물의 구조 23

러내리지 않고 가장자리가 봉긋 솟아 있는 걸 본 적이 있을 거야. 그게 바로 물의 응집력 때문인 거지.

물이 가진 이 응집력 때문에 아래에 있던 물은 물관의 벽을 따라 계속 올라오게 돼. 이런 현상을 '모세관 현상'이라고 하지. 알코올램프를 켜면 알코올램프 속의 알코올이 심지를 타고 올라가잖아. 또 물이 든 대야에 수건을 걸쳐 놓으면 대야의 물이 수건을 타고 올라와 대야 밖으로 뚝뚝 떨어지기도 하지? 이렇게 액체가 가는 관을 타고 높이 올라가는 현상이 모세관 현상이야.

관이 가늘수록 액체는 더 높이 올라갈 수 있어. 보통 식물의 물관은 75마이크로미터(μm)로 아주 가늘기 때문에 이 경우 물이 빨려 올라가는 높이는 2센티미터 정도 된다고 해.

물론 식물이 물을 위로 끌어올리는 힘 말고도 물을 아래에서 위로 미는 힘도 있어. 이 힘은 뿌리에서 위로 미는 힘이라서 '뿌리압'이라고 해. '뿌리 근(根)' 자를 써서 '근압'이라고도 하지. 실제로 토마토 줄기를 잘라 유리관을 연결하면, 뿌리압으로 인해 줄기가 잘린 부위로부터 1미터 이상 수액이 올라가는 걸 볼 수 있대.

- **증산 작용** ---
  잎의 뒷면에 있는 기공을 통해 물이 기체 상태의 수증기가 되어 식물 몸 밖으로 빠져나가는 것.
- **응집력**
  액체 또는 고체에서 그 물질을 구성하고 있는 원자나 분자 사이에 작용하고 있는 인력.
- **모세관 현상**
  액체 속에 폭이 좁고 긴 관을 넣었을 때, 관 내부의 액체 표면이 외부의 표면보다 높거나 낮아지는 현상. 높아지거나 낮아지는 정도는 관의 반지름이나 액체의 밀도에 반비례한다.
- **뿌리압(근압)**
  물관의 물을 밀어 올리기 위해서 식물 뿌리에 생기는 수압.

물의 상승은 '남의 힘'을 빌어서

식물은 이렇게 여러 힘들을 모아 물을 끌어올릴 수 있는 거야. 그 과정을 다시 정리해 보면 다음과 같아.

식물의 잎에서 물이 공기 중으로 증발하면(증산 작용), 식물은 물을 보충하기 위해 물 분자를 끌어올려. 그리고 뿌리에서는 뿌리털로 물을 빨아들여 물을 위로 밀어 올리지(뿌리압). 이때 물 분자들은 서로 끌어당기는 힘이 생기게 되고(응집력), 그러면 모세관 현상으로 물이 물관의 벽을 따라 올라오게 되는 거야. 어때, 이제 식물의 몸속에서 어떤 일이 벌어지는지 알 수 있겠지?

그런데 재미있는 것은 식물이 물을 끌어올릴 때 자기가 가진 에너지를 쓰지 않는다는 점이야. 햇빛으로 증발이 일어나거나, 물 분자들끼리 서로 끌어당기는 힘 등과 같이 대부분 외부의 힘을 써서 물과 양분이 뿌리에서 줄기로, 또 잎으로 이동하는 거지.

자신의 힘을 최대한 아끼면서 남의 도움을 최대로 받는다는 것, 이것이 바로 식물이 살아남는 비법이야. 지구에서 이렇게 영리한 생물이 바로 움직이지도 못하는 식물이라는 거, 몰랐지?

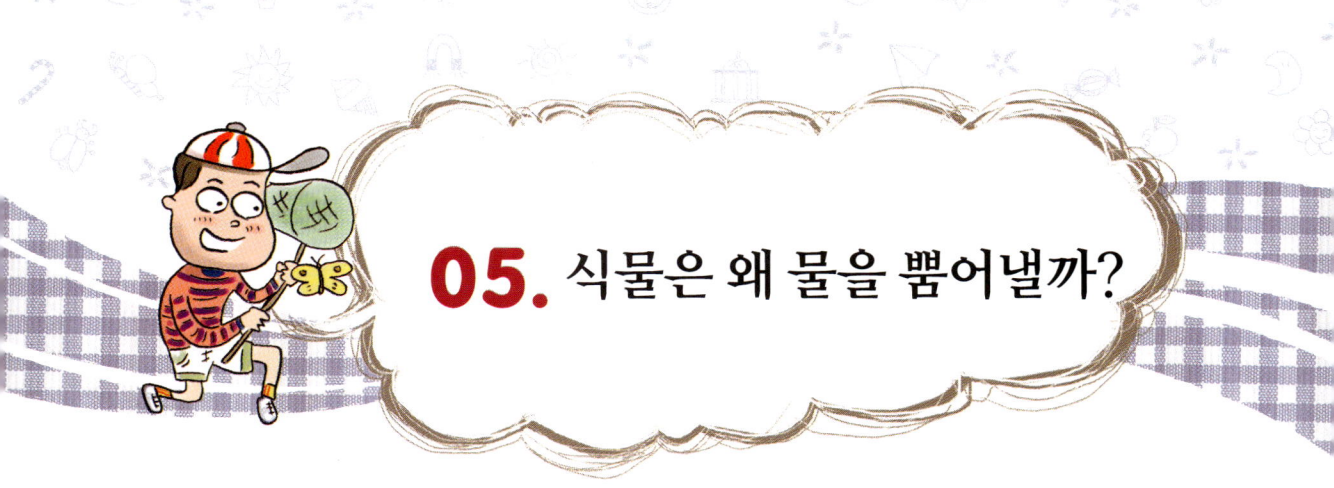

05. 식물은 왜 물을 뿜어낼까?

우와! 덥다. 빨리 나무 그늘로 가야지. 근데 봄비는 어디 갔지? 아니 햇볕이 이렇게 뜨거운데 지금 거기서 뭐하는 거야? 뭐라고? 해바라기 옆에 있으면 시원할 거라고? 도대체 무슨 소리지? 여기서 잠깐 퀴즈! 봄비가 더위를 피해 해바라기 옆에 앉아 있는 이유를 골라 봐.

1) 해바라기 잎이 커서 그늘도 크게 생길 테니까
2) 해바라기가 열심히 물을 뿜어내면 주변의 공기가 시원해질 테니까
3) 해바라기는 날씬해서 바람이 잘 통할 테니까

만약 한여름의 정오만 아니라면 정답은 2)번이야. 하지만 봄비가 몰랐던 사실이 있어.

양분을 흡수하고 모아 두려고

식물은 쓰고 남은 물을 밖으로 내뿜어. 아니, 왜 애써 빨아올린 물을 몸 밖으로 내뿜는 걸까?

식물이 물관 밖으로 물을 밀어내야 물을 위로 끌어올릴 수 있다는 건 기

억하고 있지? 하지만 그것 말고도 두 가지 이유가 더 있어.

하나는 물속의 무기 양분을 더 많이 흡수하기 위해서야. 잎에서 증산 작용으로 물이 빠져나가면 뿌리가 물을 계속 흡수해서 물은 계속 위로 올라가게 돼. 이때 물에 녹아 있는 무기 양분도 물과 함께 운반되지.

다른 하나는 흡수한 무기 양분을 진하게 농축해서 잘 보관하기 위해서야. 언제든 필요할 때 쓸 수 있도록 말이야. 수분이 없어질수록 물에 녹아 있는 무기 양분의 농도는 더 진해지고, 부피는 더 줄어들 테니까 말이야.

체온을 조절하려고

증산 작용은 식물의 체온을 조절하는 역할도 해. 식물이 건강하게 잘 자라려면 온도가 어느 정도 일정해야 하거든. 우리가 땀을 흘려 체온을 조절하는 것처럼 식물은 증산 작용으로 체온을 조절하는 거야. 잎에서 물이 증발되면서 식물의 열도 함께 빼앗아 가 너무 뜨거워지는 것을 막는 거지.

하지만 식물이 무조건 물을 내뿜는 건 아니야. 한여름 뜨거운 뙤약볕 아래에서는 물이 한꺼번에 많이 빠져나가지 못하도록 증산 작용을 잠시 멈추기도 하거든. 따라서 무더운 여름 한낮에 그늘도 없는 해바라기 옆에 앉아 있어 봐야 시원하지 않을 거란 말이지.

I 신비한 식물의 구조

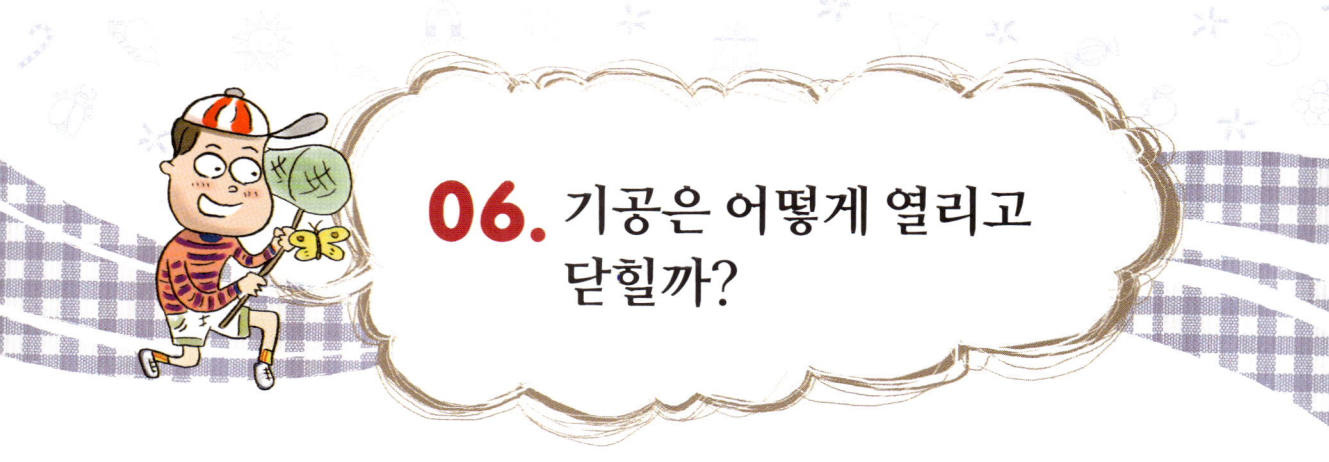

06. 기공은 어떻게 열리고 닫힐까?

고집불통 봄비는 아직도 해바라기 옆에 앉아 혀를 내밀고 할딱대고 있어. 하지만 오후 3시가 되면서 해바라기의 증산 작용이 활발해지고 있으니까 조금은 시원해지겠지.

기공을 열고 닫는 문지기 공변세포

식물 속에 있던 물이 잎의 뒷면에 있는 기공을 통해 수증기가 되어 몸 밖으로 빠져나간다는 건 알고 있을 거야. 기공은 낮에는 열리고 밤에는 닫히는데, 광합성에 필요한 이산화탄소가 들어오고 광합성으로 만들어진 산소가 나가는 공기의 이동 통로이기도 해. 그럼 식물은 어떻게 기공을 열고 닫는 걸까? 재미있는 그림으로 알아보자.

"이리 오너라! 어서 문을 열지 못할까?"

기공 앞에서 이산화탄소가 이렇게 소리치고 있어. 그러면 공변세포가 "예 나리, 분부 거행하겠습니다" 하면서 문을 여는 거지. 무슨 소리냐고? 실제로 이런 일은 나무의 잎에서 쉴 새 없이 벌어지고 있어. 이렇게 기공을 이루고 있으면서 기공을 열고 닫게 하는 세포를 공변세포라고 하지.

공변세포는 표피 세포가 변해서 만들어진 반달 모양의 세포야. 반달 모양의 세포 두 개가 양끝이 맞붙어 있는 모양이 마치 사람의 입 모양 같지?

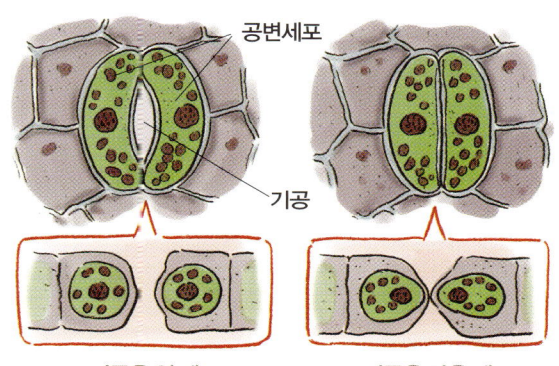

이 두 세포가 열렸다 닫혔다 하면서 기공을 열고 닫지.

식물이 뿌리에서 흡수한 물을 끌어올리려면 식물의 잎에서 증산 작용이 일어나야 돼. 그리고 증산 작용이 일어나려면 기공이 열려야 하지. 하지만 하루 종일 기공이 열려 있는 게 좋은 건 아니야. 증산 작용이 너무 활발히 일어나면 식물의 몸속에 수분이 부족해질 수 있거든. 그래서 상황에 따라서 기공을 열었다 닫았다 하기 위해 공변세포가 있는 거야.

낮에는 열고 밤에는 닫고

그런데 공변세포는 어떻게 기공을 열고 닫을까?

공변세포는 바깥쪽 세포벽이 안쪽 세포벽보다 얇아. 그래서 물을 흡수하여 팽팽해지면 세포벽이 얇은 바깥쪽이 풍선처럼 밖으로 팽창하면서

안쪽 벽을 잡아당겨 기공이 열리게 되는 거야.

공변세포는 보통 낮에만 기공을 열고 밤이 되면 기공을 닫아. 대개 새벽에 열리기 시작하여 정오쯤에 가장 많이 열렸다가, 수분을 잃으면서 점점 닫히는 거지. 기공이 열리는 낮에는 공변세포로 물이 많이 들어가고 있다는 뜻이고, 반대로 기공이 닫히는 밤에는 물이 빠져나오고 있다는 걸 뜻해.

공변세포는 보통 잎의 앞면과 뒷면에 골고루 퍼져 있지만 햇빛에 직접 드러나는 앞면보다 뒷면에 더 많이 있어. 물에 사는 식물의 경우에는 잎의 앞면에만 있기도 하지.

기공이 열리고 닫히는 이유

기공은 낮에 열리고 밤에 닫힌다고 했지? 낮에는 공변세포로 물이 들어와 기공이 열리고, 밤에는 물이 빠져나가 기공이 닫힌다고. 그런데 꼭 그런 것만은 아니야. 수분이 부족하면 낮이라도 물이 밖으로 빠져나가지 못하게 기공을 닫아 버리기도 하거든.

선인장처럼 건조한 지역에 사는 식물은 낮에 기공을 열어 놓았다가는 큰일 나. 기공을 통해 물이 모두 증발해 버려 말라죽고 말 테니까. 그래서 이런 식물들은 거꾸로 낮에는 기공을 닫아 두고 밤에 기공을 열어.

이처럼 공변세포는 수분의 증발을 조절하기 위해 기공을 열고 닫는 일을 해. 그런데 기공은 이산화탄소 등 기체의 출입을 조절하기 위해 열리고 닫히기도 해. 낮에 열려 있는 기공은 증산 작용을 할 뿐 아니라 광합성에 필요한 이산화탄소를 흡수하고 광합성으로 만들어진 산소를 내보내기도 하거든.

예를 들어 공기 중에 있는 이산화탄소의 농도가 정상(0.03%) 이하로 떨어지면 충분한 이산화탄소를 얻기 위해 공변세포가 팽팽해지면서 기공이 활짝 열리게 되는 거지.

이렇게 기공은 바람과 습도, 온도, 이산화탄소의 양 등의 영향을 받아 열리기도 하고 닫히기도 해. 한마디로 식물의 기공은 우리 몸의 코와 땀구멍 같은 곳이야. 이산화탄소를 흡수하고 산소를 내보내면서 몸속 수분의 양을 조절하기도 하잖아.

다음 중 기공이 하는 일이 아닌 것은?

1) 광합성에 필요한 이산화탄소를 빨아들인다.
2) 수분을 증발시켜 몸속의 수분 양을 조절한다.
3) 광합성으로 만들어진 산소를 배출한다.
4) 식물에게 필요한 빛을 받아들인다.

정답 4) 빛이 아니라 광합성에 필요한 이산화탄소를 흡수할 뿐 빛을 받아들이지는 않는다.

Ⅰ 신비한 식물의 구조

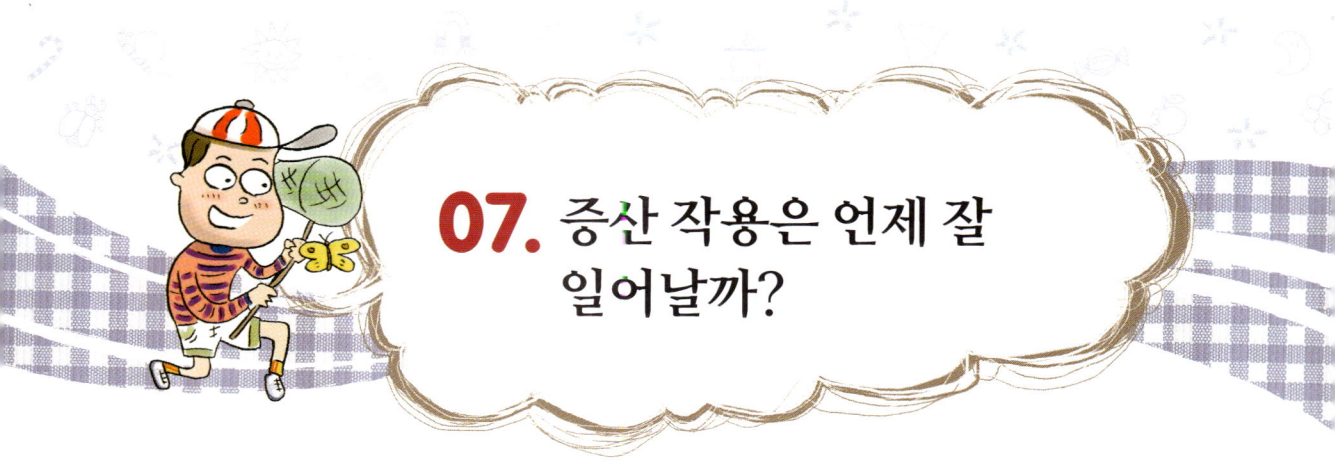

07. 증산 작용은 언제 잘 일어날까?

자, 목욕 다했다. 잠깐? 봄비 털 말리고 나가야지. 뭐? 지금은 밖이 더 잘 마른다고? 밖은 지금 햇빛이 강하고 건조한데다 바람까지 살살 불고 있어. 가만있어 봐. 이거 어디서 많이 듣던 소린데? 맞아. 증산 작용이 잘 일어나는 조건이었잖아.

증산 작용이 잘 일어나는 날씨

증산 작용이 활발하다는 것은 곧 수분의 증발이 많이 일어난다는 뜻이야. 그러니까 어떤 조건에서 수분이 잘 증발되는지를 알아보면 언제 증산 작용이 활발히 일어나는지도 알 수 있겠지?

빨래를 말릴 때를 생각해 보자. 빨래가 마르려면 빨래의 수분이 공기 중으로 잘 날아가야 해. 그러니까 구름이 많은 날보다는 햇빛이 강한 날, 그리고 바람이 없는 날보다는 어느 정도 바람이 부는 날, 추운 겨울보다는 더운 여름날, 비가 오는 날보다는 건조한 날에 더 잘 마르겠지?

 증산 작용도 마찬가지야. 햇빛이 강할수록, 온도가 높을수록, 습도가 낮을수록 좋고, 바람이 적당히 불어 준다면 최고의 조건이지.

 그리고 식물의 몸속에 수분이 적을 때보다 수분이 많을 때 증산 작용이 더 잘 일어나. 또 증산 작용은 잎에서 일어나니까 잎의 개수가 많은 쪽이 적은 쪽보다 더 활발히 일어나지.

 우리가 땀을 흘리는 것과도 비교해 볼 수 있어. 더울 때 우리 몸은 땀을 흘려서 체온을 낮추려고 해. 땀이 공기 중으로 증발하면서 몸의 열을 빼앗아 가거든. 마찬가지로 식물도 온도가 올라가면 체온을 조절하려고 더 활발히 증산 작용을 하게 되지.

기공이 열리는 조건들

 증산 작용이 활발하게 일어날 수 있는 조건은 실험을 통해서 확인해 볼 수 있어.

 첫 번째는 빛과의 관계를 알아보는 실험이야. 한쪽 식물

에는 빛을 주고 다른 한쪽에는 빛을 주지 않는 거지. 이때 식물들의 잎의 수, 바람, 습도, 온도는 똑같은 조건으로 만들어 주어야 해.

두 번째는 바람과의 관계를 알아보는 실험인데 역시 똑같은 조건의 두 식물 중 한쪽에는 바람을 통하게 하고 다른 한쪽에는 바람이 통하지 않게 막는 거야.

이런 식으로 똑같은 조건에서 습도만 달리하거나 온도만 다르게 하는 실험을 해보면 빛을 많이 받을수록, 바람이 적당히 불수록, 습도가 낮을수록, 온도가 높을수록 물이 더 많이 빠져나간다는 것을 알 수 있어.

정리하자면 기공은 햇빛이 있을 때, 온도가 높을 때, 습도가 낮을 때, 바람이 있을 때, 식물의 몸속에 수분이 많을 때 열려. 반대로 햇빛이 없을 때, 온도가 낮을 때, 습도가 높을 때, 바람이 없을 때, 식물의 몸속에 수분이 적을 때는 기공이 닫히지.

다음 중 식물이 증산 작용을 많이 하는 조건이 아닌 것은?

1) 따뜻한 햇볕을 쬐었을 때   2) 식물의 몸속에 수분이 부족할 때

3) 온도가 높을 때   4) 습도가 낮을 때

정답 2) 식물의 몸속에 수분이 부족하면 기공을 닫아서 수분이 더 이상 빠져나가지 않아.

환경을 극복한 식물의 증산 작용

식물은 주위 환경에 따라 기공을 여닫으며 스스로 증산 작용을 조절해. 더운 날에는 증산 작용을 통해 수분을 내보내 몸의 온도를 낮추고, 수분이 부족할 때는 증산 작용을 멈추어 수분의 손실을 줄이지.

그런데 이렇게 기공을 열고 닫는 것만으로 수분을 적절히 조절할 수 없을 때는 어떻게 할까? 한 예로 선인장의 가시를 들 수 있어. 물이 부족한 사막에 사는 선인장은 수분이 잎의 기공을 통해 빠져나가는 걸 막기 위해 잎을 아예 가시로 만들어 버렸지.

또 다른 예로 양지 식물이 있어. 양지 식물은 햇빛이 강한 지역에서 자라는 식물이야. 그래서 양지 식물의 잎은 작고 두꺼워. 잎이 작아야 수분 손실이 적기 때문이야. 또 동백나무나 사철나무의 잎은 앞면이 반들반들한 왁스 층으로 덮여 있는데 이것 역시 수분 증발을 막기 위해서야. 어때? 식물은 정말 똑똑하지?

식물이 하루 동안 내뿜는 물의 양

식물이 증산 작용을 통해 밖으로 내보내는 물의 양은 얼마나 될까? 그것은 식물마다 다르고, 식물이 자라는 기후에 따라 달라. 그중 해바라기는 여름철이면 하루 약 1킬로그램의 물을 내보낸대. 또 다 자란 단풍나무는 1시간에 6,000킬로그램의 물을 내보낸다고 해. 생각보다 굉장히 많지?

여름철에 나무가 많은 숲에 가면 시원한 것도 바로 나무의 증산 작용 때문이야. 나무의 몸속에 있던 물이 잎을 통해 공기 중으로 나와 증발하면서 주변의 열을 빼앗아 가기 때문에 주변의 온도가 낮아지는 거지.

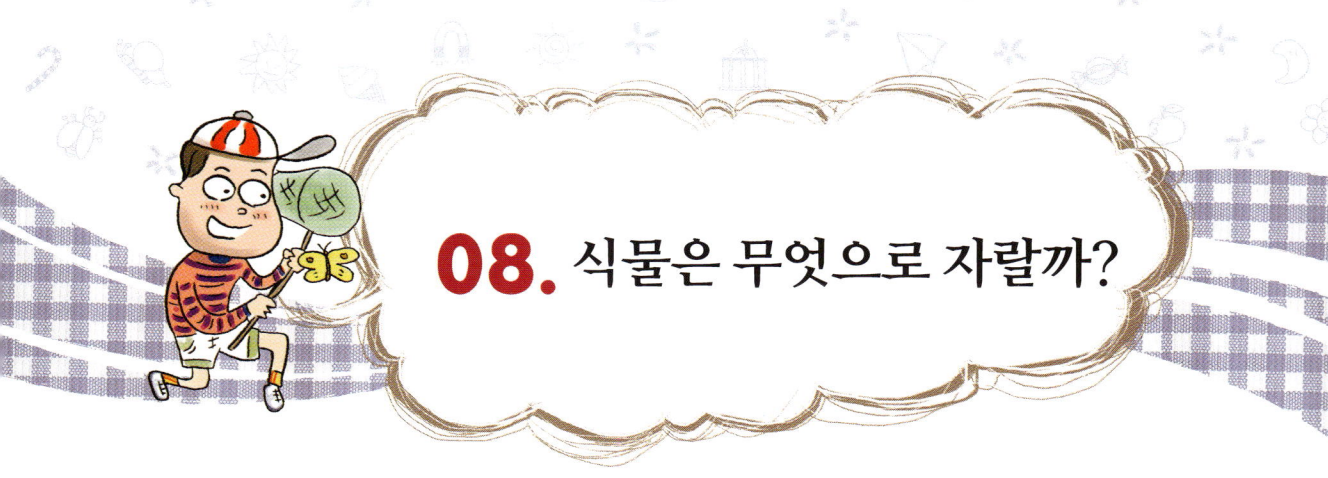

08. 식물은 무엇으로 자랄까?

 봄비, 정신 차려! 큰일 났어. 봄비가 뭘 잘못 먹었나 봐. 도대체 뭘 먹은 거야? 멍멍! 요소 비료를 먹었다고? 요소는 화학 비료인데 질소·인·칼륨·석회·마그네슘 등이 배합된 식물의 영양제 같은 거야. 정말 봄비의 식탐은 아무도 못 말린다니까.

식물이 자라는 데 필요한 10가지 원소

 식물은 생김새부터 우리와는 정말 다르게 생겼어. 그럼 식물의 몸은 무엇으로 이루어져 있을까? 식물의 몸을 구성하는 원소를 알아보는 실험은 간단해. 식물을 말린 후 태워 보는 거지. 그리고 식물을 태웠을 때 나오는 연기와 재를 분석하는 거야.

 이 실험을 통해 식물을 구성하는 성분을 알아보니 우선 연기의 성분은 탄소(C), 수소(H), 산

소(O), 질소(N) 등 4가지 원소였어. 또 타고 남은 재에는 황(S), 인(P), 칼륨(K), 칼슘(Ca), 마그네슘(Mg), 철(Fe) 등 6가지 원소가 들어 있었지. 다시 말해 식물은 이 10가지 원소로 이뤄져 있다는 뜻이야.

식물은 이 10가지 원소를 제대로 공급받지 못하면 잘 자랄 수가 없어. 그래서 이 10가지 원소를 '식물 생장의 필수 10원소'라고 해. 그럼 식물의 생장과 10원소의 관계에 대해 자세히 알아보자.

다음 중 원소에 관한 설명 중 틀린 것은?

1) 더 이상 쪼갤 수 없는 물질을 이루는 가장 작은 입자이다.

2) 원자 번호로 구별되는, 한 종류만의 원자로 만들어진 물질이다.

3) 현재 쓰이는 원소의 기호는 모두 10개이다.

4) 현재까지 지구상에 밝혀진 원소는 100종 정도이다.

정답 3) 현재 쓰이는 기호로서의 원소는 110여종이 있어, 예를 들어 탄소는 기호로 나타내면 탄소는 C, 수소는 H, 산소는 O라고 나타내지.

식물 생장과 각 원소의 역할

식물을 이루는 10가지 성분들은 각자 하나하나가 식물이 자라는 데 많은 영향을 줘. 먼저 탄소와 수소, 산소는 잎이 숨을 쉬거나 뿌리가 물을 흡수할 때 함께 흡수되기 때문에 부족해지는 경우가 거의 없어. 그래서 특별히 문제될 게 없지.

하지만 단백질을 만드는 데 필요한 질소가 부족하면 식물이 잘 자랄 수 없게 돼. 또 인이 부족하면 열매를 잘 맺지 못하고, 칼륨이 부족하면 뿌리와 줄기가 잘 자라지 못하거나 갈색 반점이 생기지. 또한 잎을 푸르게 하는 엽록소의 구성 성분인 마그네슘이나, 엽록소를 만들 때 필요한 철이 부족하면 잎이 누렇게 변해.

그럼, 이 원소들은 식물의 몸속에 어떻게 들어갈까? 탄소와 산소는 이산화탄소의 형태로 잎의 기공으로 흡수돼. 이산화탄소(CO_2)에서 C는 탄소를 O는 산소를 의미하거든. 또 수소(H)는 물(H_2O)로, 나머지 원소들은 물에 녹아 뿌리털을 통해 흡수되는 거지.

🍃 하나라도 부족하면 소용없어!

생물은 생장에 필요한 원소 중 어느 한 가지라도 부족하면 나머지 원소가 아무리 충분해도 자라는 데 영향을 받게 돼. 예를 들어 식물의 수확량을 늘리기 위해 인을 많이 주었다고 해봐. 그럼 얼마간 그 식물에 더 많은 열매가 맺게 돼. 하지만 일정량이 늘어난 후에는 더 이상 열매가 늘어나지 않지. 그 이유는 식물이 열매를 맺는 데 필요한 다른 원소가 충분하지 않았기 때문이야.

이런 현상을 '최소량의 법칙'이라고 해. 이 법칙은 1843년 독일의 식물학자 리비히가 주장해서 '리비히의 법칙'이라고도 해.

크놉액으로 물 재배 실험하기

식물이 자라는 데 필요한 양분들을 물과 적당한 배율로 섞은 것을 배양액이라고 해. 그리고 이 배양액으로 식물을 재배하는 것을 물재배 또는 수경법이라고 하지. 가장 많이 쓰이는 배양액은 크놉이라는 식물학자가 고안한 크놉액이야. 식물이 자라는 데 필요한 10가지 원소 중에서 탄소를 뺀 9가지 원소가 들어 있는 배양액이지. 탄소를 뺀 것은 식물이 숨을 쉴 때 이산화탄소(CO_2)의 형태로 흡수되니까 따로 넣을 필요가 없기 때문이래.

9가지 원소가 모두 들어간 크놉액에서는 식물이 푸르고 싱싱하게 자란다.

마그네슘을 뺀 크놉액에서는 식물의 잎이 누렇게 변했다.

배양액으로 물재배를 해보면 식물이 자라는 데 필요한 원소의 종류와 각 원소가 식물이 자라는 데 어떤 역할을 하는지, 그리고 부족하면 어떤 영향을 미치는지를 알아볼 수 있어. 완전 배양액(크놉액)에서 필수 원소 하나씩을 뺀 배양액으로 키운 식물과, 완전 배양액으로 키운 식물이 어떻게 다르게 자라는지를 비교해 보는 거지.

그런데 왜 하필 물재배를 하냐고? 흙에서 재배하면 이미 흙 속에 여러 가지 영양 성분이 들어 있어서 정확한 실험 결과를 얻기 힘들기 때문이야.

I 신비한 식물의 구조

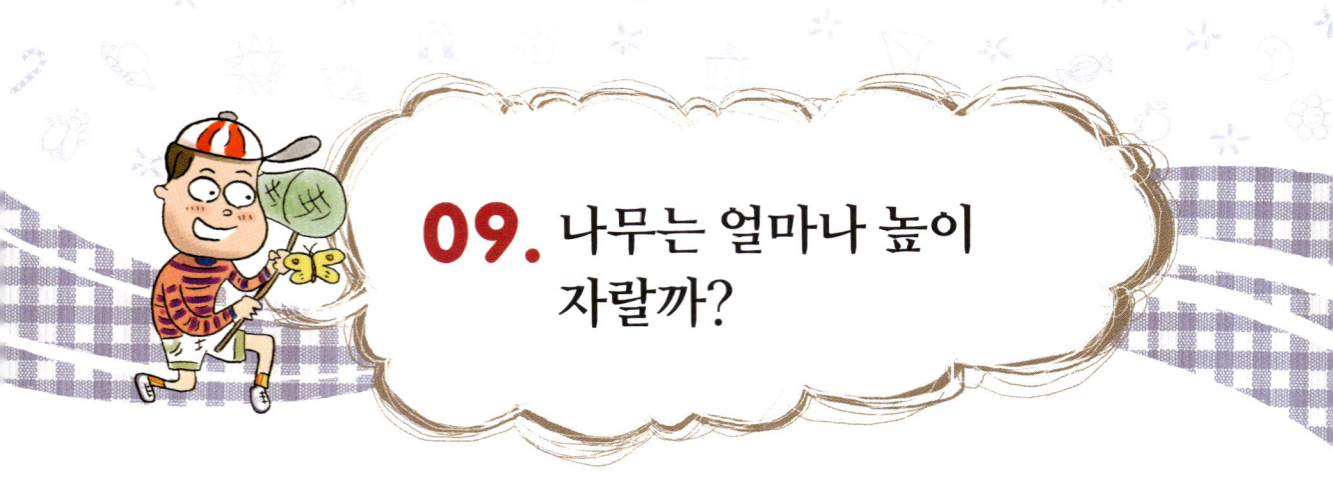

09. 나무는 얼마나 높이 자랄까?

지구에서 가장 키가 큰 생물

지구에서 가장 키가 큰 생물은 물론 식물이야. 현재 살아 있는 나무 중에서 세계에서 가장 키가 큰 나무는 앞에서도 말했는데 기억 나? 바로 세쿼이아 나무야. 이 세쿼이아 나무는 높이가 무려 112미터라고 해. 정말 어마어마하지?

하지만 동물은 어느 정도 자라고 나면 더 이상 자라지 않아.

사람의 키가 10대 청소년기에 많이 자라다가 20대 청년이 되면 더 이상 자라지 않는 것처럼 말이야. 만약 동물이 식물처럼 계속 자란다면 어떻게 될까? 생각만 해도 아찔하지? 하지만 걱정 안 해도 돼. 그런 일은 없을 테니까.

일생 동안 키가 자라는 나무

식물은 살아 있는 동안 계속 자라기는 하지만, 자라는 부위(세포 분열을 하는 곳)가 따로 있어. 특히 식물은 뿌리와 줄기 끝의 생장점에서 세포를 만들어 키가 자라기 때문에 뿌리나 줄기의 끝 부분이 잘리면 키가 더 이상 자라지 못하지.

또 식물은 일정한 속도로 자라는 특징이 있어. 물론 온도나 수분, 빛 등의 환경 조건에 따라 같은 종류의 식물이라도 어떤 것은 더 크고 굵게 자라기도 하고, 또 어떤 것은 잘 자라지 못하기도 하지.

하지만 동물은 식물의 생장점처럼 자라는 부위가 따로 있다기보다 몸 전체에서 세포 분열이 일어나 자라게 돼. 또 어느 정도 자라면 성장을 멈추고, 자라는 속도와 시기도 다르지. 한번 자세히 알아볼까?

사람은 사춘기 때 자라는 속도가 가장 빨라. 그러다가 20대가 되면 자라는 걸 멈추지. 또 몸의 각 부분에 따라 자라는 속도가 달라. 갓난아기를 보면 몸에 비해 머리가 굉장히 크잖아? 태어난 지 2개월 된 아기의 머리 크기는 몸의 절반 가까이나 돼. 만약 그대로 계속 자라면 어떻게 될까? 머리가 너무 무거워서 제대로 걷기도 힘들 거야. 하지만 나이가 들면서 머리는 별로 커지지 않고 몸만 쑥쑥 자라면서 머리와 몸의 크기가 균형을

이루게 되지.

그럼, 여기서 퀴즈! 다음 식물과 동물의 생장에 관한 설명 중 틀린 건 뭘까? 앞의 내용을 꼼꼼하게 읽었다면 정답을 알 수 있을 거야.

1) 식물은 길이 생장을 하는 부위가 따로 있다.
2) 동물은 죽는 날까지 계속 자란다.
3) 식물은 죽는 날까지 계속 자란다.
4) 동물은 신체 부위에 따라 자라는 속도가 다르다.

정답은 2)번이야. 동물이 죽는 날까지 계속해서 자란다면 온 세상은 꺽다리로 가득 찰 거야.

식물의 생장은 세포 분열로부터

모든 생물의 몸은 세포로 이루어져 있어. 그렇기 때문에 생물의 크기는 세포 수로 결정된다고 해도 틀린 말이 아니야. 생물은 세포를 계속해서 만들어 내면서, 즉 세포 분열을 하면서 자라나. 이걸 다른 말로 '생장'이라고 하지. 그런데 앞에서도 말했듯이 식물과 동물은 세포 분열이 일어나는 장소가 달라. 식물은 생장점과 부름켜(형성층)에서 세포 분열이 일어나고, 동물은 온몸에서 일어나지.

식물의 생장점은 뿌리나 줄기의 끝에 있어서 길이가 점점 자라게 해. 그리고 줄기에 있는 부름켜에서도 세포 분열이 일어나는데, 이건 옆으로 점점 뚱뚱해지게 하는 부피 생장을 해. 부름켜는 물관과 체관 사이에 있는 세포층이라고 했지? 이곳에서 끊임없이 세포 분열이 일어나면서 부름켜 바깥쪽으로는 새로운 체관이, 안쪽으로는 새로운 물관이 계속 만들어지는 거야. 그러면서 식물의 줄기가 점점 굵어지는 거지.

- **세포 분열**
  한 개의 모세포가 핵분열과 세포질 분열을 거쳐 두 개의 세도로 나누어지는 현상.

나무가 자랄 수 있는 최대 높이는?

현재 지구에서 가장 키가 큰 나무는 세쿼이아라고 했지? 최근 미국의 한 연구팀의 연구 결과에 따르면 나무가 자랄 수 있는 최고 높이는 130미터래. 연구팀은 지구에 자라고 있는 가장 키가 큰 나무들 중 5그루에 직접 올라가 조사를 했다고 해.

그랬더니 물의 흐름, 광합성 능력, 이산화탄소 농도, 잎의 구조와 밀도 등 4가지 요인이 모두 거의 한도에 이르러 나무가 더 이상 자라기 어려울 것으로 생각되는 높이가 130미터라는 결론을 내렸지.

지구에서 나무가 자랄 수 있는 최대 높이는 122~130미터라고 한다.

키가 100미터가 넘는 2,000년 된 세쿼이아는 하루에만 수천 리터의 물이 필요해. 그런데 뿌리가 빨아들인 물이 나무 꼭대기까지 올라가는 데 최대 24일이나 걸린다는 거야. 그러니 나무의 꼭대기는 메마를 수밖에 없겠지. 그래서 122~130미터까지 자라면 나무가 더 이상 자랄 수 없게 되는 거래.

Ⅰ 신비한 식물의 구조

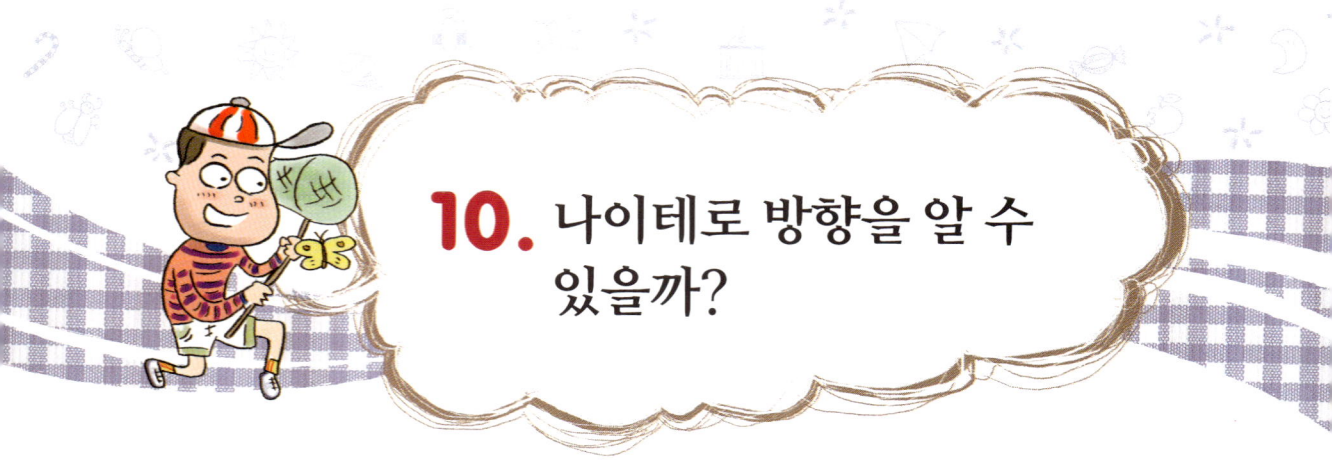

10. 나이테로 방향을 알 수 있을까?

봄비에게 몇 살이냐고 물어보니 입을 쩍 벌렸어. 아하! 이빨을 보고 알아맞히라는 거구나! 동물의 경우 이빨을 보면 나이를 짐작할 수 있다고 해. 그럼 식물의 나이는 뭘 보고 알 수 있을까? 너무 쉬운 문제라고? 하지만 과연 그 이유도 알고 있을까?

기다란 생장점, 둥근 부름켜

식물의 키가 점점 클 수 있는 것은 생장점 덕분이야. 그렇다면 식물이

옆으로 자라서 굵어지게 하는 곳은? 맞아, 바로 관다발 속 부름켜의 활약으로 식물이 굵게 자랄 수 있는 거야.

생장점과 부름켜는 세포의 모양부터 달라. 생장점은 이쑤시개처럼 길게 생겼고, 부름켜는 둥근 원 모양이나 다각형 모양이야. 부름켜는 껍질 바로 안쪽에 있는데 이곳에서 세포를 만들어 내면 식물이 옆으로 자라나게 되는 거지.

생장점은 이쑤시개처럼 생긴 세포가 뾰족한 부분을 맞대듯이 위로 쭉쭉 자라게 해. 말하자면 건물을 지을 때 1층부터 차례로 층을 쌓아 올려 가듯이 말이야.

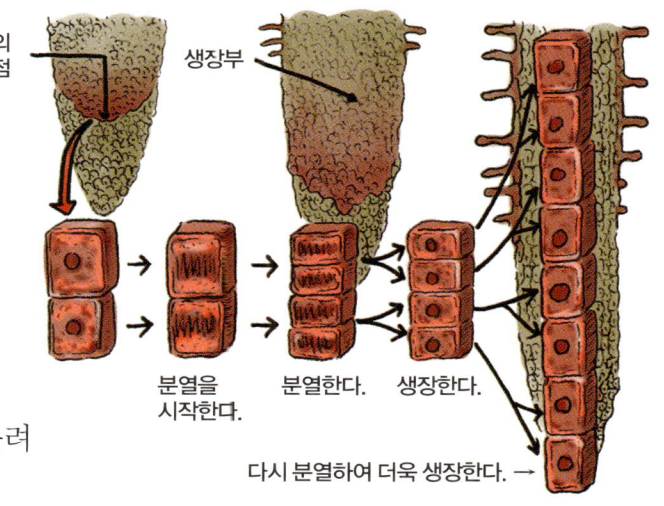

세포 분열과 생장

반면에 옆으로 자라게 하는 부름켜는 안쪽과 바깥쪽에서 만드는 세포의 거수가 각각 달라. 안쪽에 4개의 세포를 만든다면 바깥쪽에는 2개 정도의 세포를 만들거든.

이렇게 나무마다 부름켜 안쪽과 바깥쪽이 만드는 세포의 개수가 다르기 때문에 나무의 종류에 따라 나무껍질의 모양이 달라지는 거야. 또 같은 나무라도 자라는 차이에 따라 나무껍질 모양이 다르지. 안쪽보다 바깥쪽에 만들어지는 세포의 개수가 적으니까 부름켜 안쪽은 세포가 꽉 차게 되고 바깥쪽은 빈 곳이 생기게 마련이야. 그래서 바깥쪽의 나무껍질이 갈라

I 신비한 식물의 구조 45

지는 거야. 이제 왜 나무껍질이 갈라지는지 알겠지?

나무의 나이테는 왜 생길까?

나무는 보통 3월에서 9월까지만 자라. 봄에서 여름까지만 자라고 늦여름부터는 겨울을 대비해서 자라는 걸 멈추는 거지.

그런데 봄이나 여름에 만들어진 세포는 아주 잘 자라서 크기가 크고 세포벽이 얇아서 연한 색을 띠게 돼. 하지만 가을부터는 성장 속도가 느려져 세포의 크기가 작고 세포벽이 두꺼워서 어두운 색을 띠는 거지. 이렇게 밝은 부분과 어두운 부분이 차례차례 겹겹이 쌓이는 게 바로 나이테야. 그래서 나이테를 보면 나무의 나이를 알 수 있지.

그런데 나무 그루터기의 나이테를 보면 방향을 알 수 있다고 해. 햇빛을 많이 받을수록 더 잘 자라기 때문에 남쪽의 나이테 폭이 넓다는 거지. 어때, 그럴 듯하지?

하지만 그건 사실과 달라. 실제로 나무의 나이테는 햇빛 이외에

도 경사면, 바람 등 다양한 자연 환경의 영향을 받거든. 그래서 바닥이 평평한 곳에서 자란 나무는 나이테가 동서남북 어느 한쪽에도 치우치지 않고 원형에 가깝게 만들어지지만, 바닥이 비탈진 산에서 자란 나무는 나이테의 중심이 한쪽으로 치우치게 된대.

그럼 만약 산에 올라갔다가 길을 잃어버렸다면 어떻게 해야 할까?

1) 계곡의 물길을 따라 내려온다.
2) 나무 그루터기의 나이테를 보고 방향을 찾는다.
3) 질경이처럼 사람이 지나는 길에 자라는 풀을 찾는다.
4) 구름을 보고 방향을 찾는다.

정답은 1)번이야. 계곡의 물길을 따라 내려오는게 가장 좋은 방법이지. 물은 언제나 위에서 아래로 흐르니까 말이야. 설마 아직도 2)번이 정답이라고 생각하는 사람은 없겠지?

열대 지방의 나무에는 나이테가 없다고?

나이테는 계절에 따라 나무의 자라는 속도가 달라서 생긴다고 했잖아. 그렇다면 계절의 변화가 뚜렷하지 않은 지역에 사는 나무들은 어떨까?

열대 지방처럼 여름만 이어지는 곳에서는 사계절이 따로 없기 때문에 1년 내내 나무의 자라는 속도가 거의 비슷해. 따라서 새로 만들어지는 세포의 크기와 모양이 거의 일정하다고 할 수 있지. 당연히 나이테는 만들어지지 않아. 다만, 가끔 건기와 우기가 있는 지역에서는 열대 나무에도 나이테와 비슷한 모양이 희미하게 남아 있기도 해. 하지만 온대 지방의 것과는 전혀 다르지.

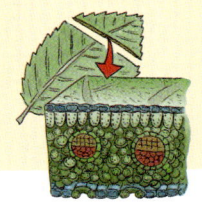

II 광합성과 호흡

식물은 광합성을 하면서 호흡도 하고 있대.
그런데 마술 같은 광합성의 신비를 어떻게 알아냈을까?
광합성을 흉내 내려는 사람들의 노력을 알아보자.

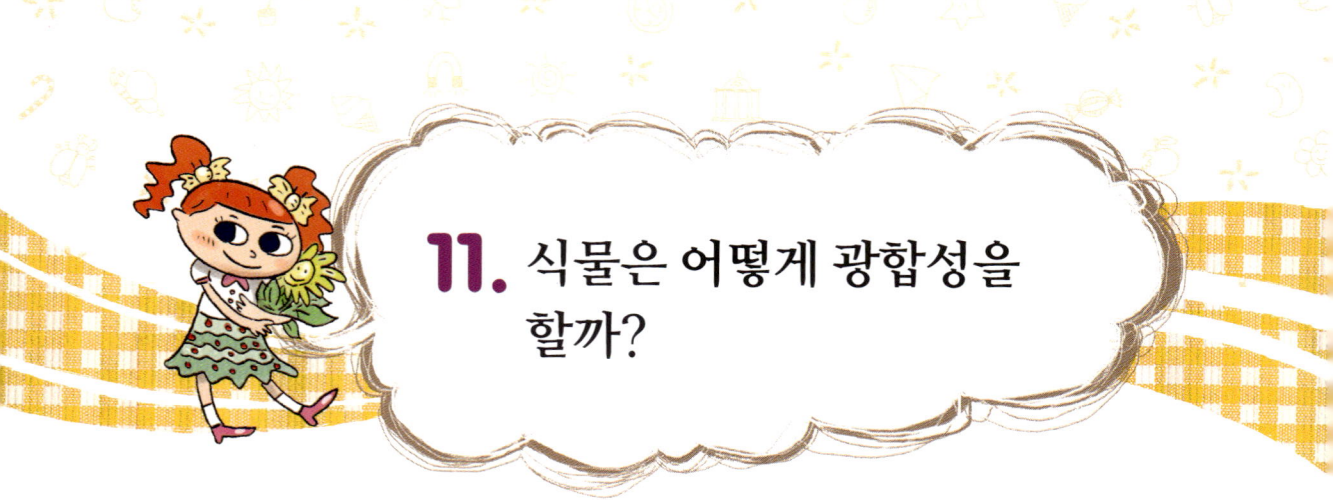

11. 식물은 어떻게 광합성을 할까?

햇볕이 따뜻하게 느껴지는 날이면 봄비는 항상 일광욕을 즐기지. 식물도 아니면서 광합성이라도 하는 걸까?

물론 아냐. 하지만 동물도 햇빛에서 질병에 대한 면역력을 얻고 기분이 좋아지게 하는 에너지를 흡수한대. 그러니까 식물이 햇빛에서 에너지를 흡수하는 광합성과 비슷하다고 볼 수 있지. 이처럼 햇빛은 지구 위의 모든 생물에게 꼭 필요한 아주 고마운 존재라고!

생명의 근원이 되는 햇빛

햇빛은 지구에서 약 1억 5천만 킬로미터만큼 떨어져 있는 태양이 보내는 에너지야. 지구의 생물들은 살아가는 데 필요한 많은 에너지를 빛에서 얻고 있지.

햇빛으로부터 가장 큰 에너지를 얻는 생물은 바로 식물이야. 우리가 알지 못하는 사이에도 지구의 식물들은 태양 에너지를 이용해서 엄청난 활동을 하고 있거든.

식물은 매일매일 스스로에게 필요한 영양분을 태양 에너지를 이용해서 만들고 있어. 그런 식물을 초식 동물이 먹고살고, 또 초식 동물을 육식 동물이 먹고사니까 사실 지구에 있는 모든 생물들은 햇빛에 기대어 살고 있는 거나 다름없어.

그러면 식물은 햇빛만 있으면 영양분을 만들 수 있을까? 그건 아니야. 우리도 밥을 하려면 가스나, 전기 같은 연료 외에도 물과 쌀이 필요하잖아? 그런 것처럼 식물도 영양분을 만들기 위해 햇빛 외에 필요한 것들을 모으고 있어. 그게 뭘까?

모두 앞에서 나온 것들이야. 식물은 잎을 통해 이산화탄소를 흡수하고, 뿌리를 통해 물을 빨아들이고 있지.

이렇게 식물이 물과 이산화탄소를 흡수하고, 햇빛을 이용해 영양분을 만드는 것을 '광합성'이라고 해. 이산화탄소와 물, 햇빛 중 어느 하나가 없으면 식물은 영양분을 만들지 못해. 그러니까 광합성을 할 때는 이 세 가지가 꼭 필요하지.

지구에서 가장 큰 에너지 공장

식물은 광합성을 통해 엄청난 양의 영양분을 만들어 내. 매년 2천여 억 톤의 영양분을 만들어 내고 있다니 지구에서 가장 큰 에너지 공장이라고 할 수 있지. 그런데 광합성을 통해 영양분만 만들어 내는 것이 아니야. 동물에게 꼭 필요한 산소도 만들어 주지. 그래서 식물은 동물에게 꼭 필요한 소중한 존재야.

식물은 흡수한 이산화탄소를 영양분으로 만드는 과정에서 산소도 만들어. 이산화탄소(CO_2)와 물(H_2O)이 섞이면서 포도당($C_6H_{12}O_6$)과 산소(O_2)가 만들어지는 원리이지.

이렇듯 광합성은 우리의 생명을 유지하게 해주는 일등공신이야. 영양분도 얻고 산소도 얻게 해주니까 말이야.

광합성은 두 단계로 이뤄진다고?

그런데 광합성이 일어나려면 빛, 이산화탄소, 물 세 가지가 꼭 있어야만 한다고 했잖아? 그럼 이 세 가지가 항상 '동시에' 있어야만 광합성이 일어날까? 미국의 벤슨이라는 과학자가 특이한 생각을 해냈어. '빛과 이산화탄소를 따로따로 주면 과연 광합성이 일어날까?' 하는 생각을 한 거지. 물론 물은 이미 있다고 했을 때 말이야.

그래서 벤슨은 실험을 했어. 먼저 빛이 없는 상자에 식물을 넣고 이산화탄소를 공급했지. 하지만 광합성은 일어나지 않았어. 이번에는 이산화탄소가 없는 상자에 빛만 주었는데 역시 광합성이 일어나지 않았지. 그런데 먼저 상자에 빛만 주었다가 나중에 어둠 속에 놓고 이산화탄소를 주었더니 신기하게도 광합성이 일어났어. 포도당이 만들어진 거지.

이 실험 결과로 새로운 사실을 알게 되었어. 바로 광합성은 두 단계를 거쳐 이루어진다는 거야. 빛이 없고 이산화탄소만 있는 상태에서는 광합성이 일어나지 않았어. 하지만 빛을 주고 난 후 다시 어둡게 하고 이산화탄소를 주자 광합성이 일어났지. 이것을 보고, 빛에 의해 식물 안에 어떤 변화가 일어나고, 이어서 이산화탄소를 이용하여 포도당을 합성하는 단계로 넘어간다는 사실을 알아낸 거야.

광합성의 단계

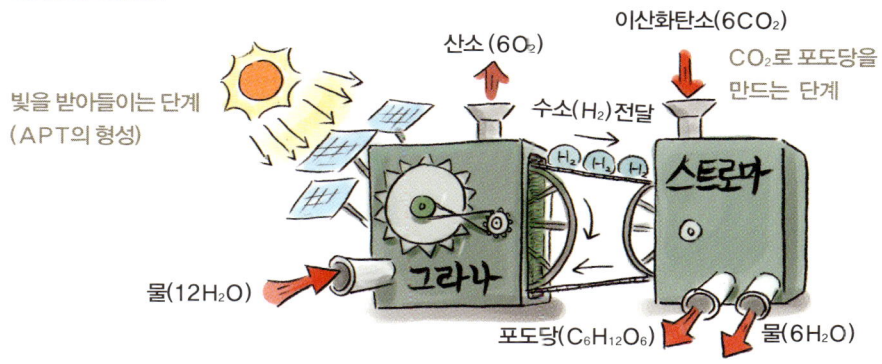

보다 정확히 말하면, 광합성의 첫 단계에서는 빛을 받아들여 어떤 물질을 만들어 내고, 두 번째 단계에서는 첫 단계에서 만든 물질과 이산화탄소를 이용해 포도당을 만든다는 거야.

이것을 어려운 말로 나타내면 처음에는 명(明 밝을 명)반응이 일어나고, 두 번째에 암(暗 어두울 암)반응이 일어난다고 해. 물론 빛과 이산화탄소를 모두 공급하면 첫 단계와 두 번째 단계가 함께 일어나. 하지만 정확히 말하면 식물이 광합성을 할 때 먼저 필요로 하는 것은 빛인 셈이지.

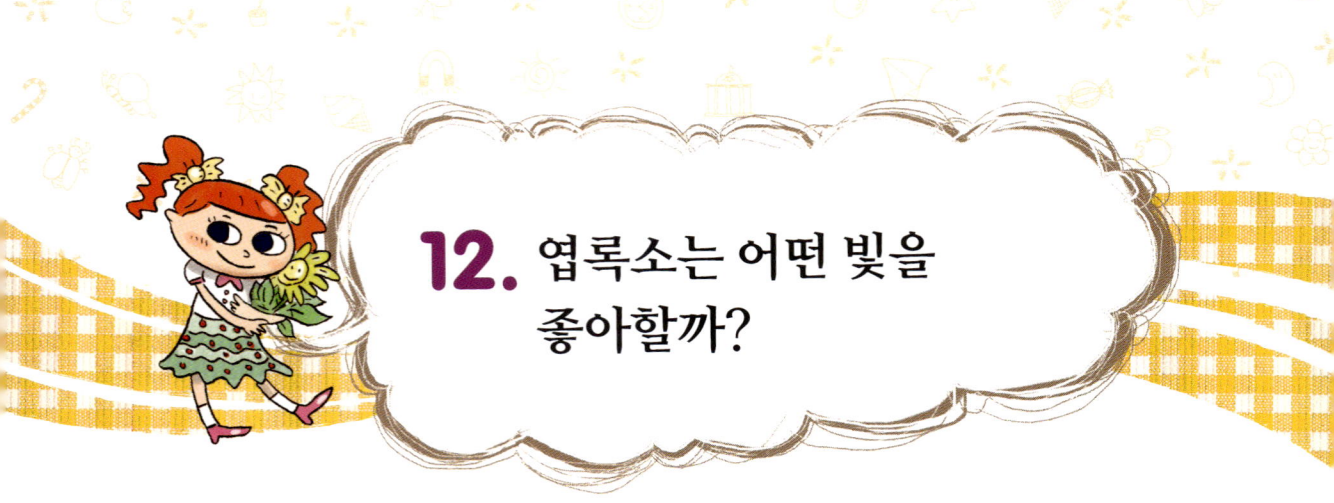

12. 엽록소는 어떤 빛을 좋아할까?

봄비가 초록색 페인트를 뒤집어썼어. 마치 식물이 걸어다니는 것 같아. 온통 초록색인 봄비도 물을 마시고 숨을 쉬니까 광합성을 할 수 있을 것 같다고? 아냐, 초록색이라고 다 광합성을 할 수 있는 건 아니지. 식물의 초록색은 좀 더 특별하다고! 그 비밀을 알아볼까?

광합성 공장 '엽록체'

식물이 초록색인 이유는 엽록체에 든 엽록소 때문이야. 엽록체는 광합성을 통해 에너지를 만들어 내는 공장이지. 엽록체는 럭비공 모양으로 생겼는데, 크기가 아주 작아서 광학 현미경으로 봐야 해.

현미경으로 엽록체를 들여다보면 두 겹의 막으로 싸여 있어. 그리고 그 안에는 한 겹으로 된 막에 둘러싸인 주머니 같은 '틸라코이드'라는 것이 있지. 이 틸라코이드들이 차곡차곡 포개져 탑처럼 쌓여 있고, 이것들이 모여 '그라나'를 이루고 있어. 이런 구조를 '라멜라 구조'라고 하지. 그리고 그 옆의 공간에는 여러 가지 광합성에 필요한 효소들이 들어 있는 '스트로마'도 있어.

햇빛을 모으는 안테나 '엽록소'

엽록체가 광합성을 하는 데 필요한 햇빛은 엽록소를 통해 들어와. 엽록소가 햇빛이 들어오는 창문과 같은 역할을 하는 거지. 그럼 엽록소는 어디에 있을까?

엽록소는 틸라코이드의 막으로 둘러싸인 공간에 들어 있어. 이때 엽록소는 하나하나 따로 떨어진 것이 아니라 여러 개가 함께 모여 있지. 마치 전파를 모으는 안테나처럼 빛을 모으는 역할을 하기 위해서야.

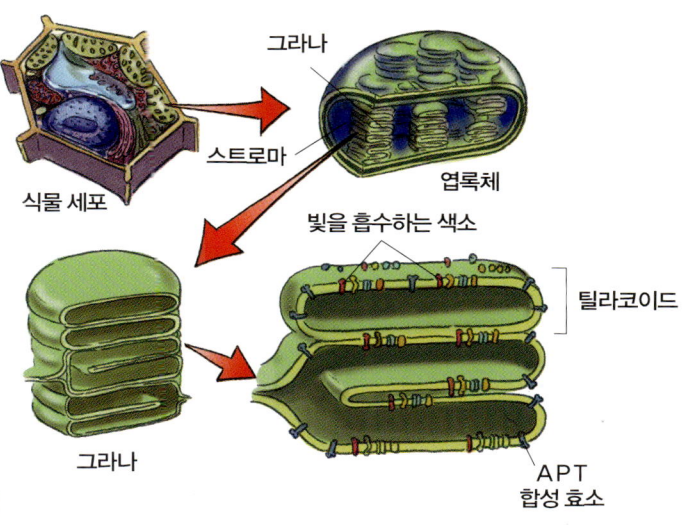

엽록체의 구조

빛에너지를 모을 때에도 하나의 엽록소가 빛을 받으면 이것을 바로 옆에 있는 엽록소에 차례로 전달하여 한곳에 모으는 거지. 이렇게 모아진 빛에너지는 엽록소에 흡수되는 순간 광합성에 필요한 화학 에너지로 바뀌게 돼. 여기에서 화학 에너지란 빛이 양분의 형태로 바뀌는 것을 말하지.

엽록소는 초록색을 싫어한다고?

광합성이 햇빛으로부터 시작된다는 것 알겠지? 그렇다면 광합성에 필요한 빛은 어떤 종류일까? 빛에도 종류가 있냐고? 물론이야.

사실 빛이라고 하면 우리가 눈으로 볼 수 있는 가시(可 가능할 가, 視 보일 시)광선을 말하는 경우가 많아. 하지만 빛에는 가시광선 외에도 자외선, 감마선, 적외선, X선 등 종류가 많지. 그중에서 사람이 볼 수 있는 전자기파를 가시광선이라고 하는 거야.

그런데 엽록소가 받아들이는 빛도 가시광선이야. 가시광선은 빨강, 주황, 노랑, 초록, 파랑, 남색, 보라의 무지개 색을 띠고 있어. 바로 우리가 햇빛을 프리즘에 통과시켰을 때 볼 수 있는 색깔이지.

잠깐, 퀴즈! 엽록소에 관한 설명 중 맞는 것은 뭘까?

1) 식물은 엽록소를 통해 빛을 모은다.
2) 엽록소가 초록색인 것은 초록색 빛을 흡수하기 때문이다.
3) 엽록소가 초록색인 것은 초록색 빛을 반사하기 때문이다.
4) 엽록체의 색깔은 빛의 종류와는 상관이 없다.

답은 1)번과 3)번이야. 엽록소가 초록색으로 보이는 것은 초록색 빛을 반사하기 때문이지.

여기서 꼭 알아 둬야 할 것은 우리 눈에 색이 보이는 것은 가시광선을 흡수하는 색소 덕분이라는 거야. 어떤 색소를 가진 물질이 빨갛게 보

초록색 빛 반사

이는 이유는 그 색소가 다른 색을 모두 흡수하고 빨간색만 반사하기 때문이야. 그래서 우리 눈에는 반사된 빨간색만 보이는 거야. 이와 같은 원리로 엽록소는 초록색을 반사하고 다른 색은 모두 흡수해. 결국 광합성에 초록색 빛은 필요 없다는 것을 알 수 있지.

광합성에 필요한 청색 빛과 붉은색 빛

 광합성을 할 때 초록색 빛은 필요없다고 했지. 그렇다면 광합성에 필요한 색은 어떤 색일까? 이것을 알아보기 위해 호기성 세균과 해캄으로 실험을 했어. 호기성 세균은 산소를 좋아하는 세균이고, 해캄은 광합성을 하면서 산소를 내뿜는 생물이야.

 해캄과 호기성 세균을 함께 놓고 빛을 쪼이면 호기성 세균이 해캄 주위로 몰릴 거야. 해캄이 광합성을 하면서 산소를 만들어 낼 테니까 말이야. 그 상태에서 햇빛을 프리즘에 통과시켜 무지개 색이 나타나도록 한 다음 다시 해캄에 쪼였어. 어떤 결과가 나왔을까?

 호기성 세균은 청색 계통과 붉은색 계통의 빛에 모여들었어. 이 사실은 청색과 붉은색 빛을 받은 쪽이 광합성을 활발하게 해서 산소가 많이 나왔다는 걸 알려 줘. 그래서 호기성 세균이 산소가 많은 쪽으로 몰려든 거지. 이 실험으로 광합성이 잘되는 빛은 청색과 붉은색이라는 걸 알게 되었어.

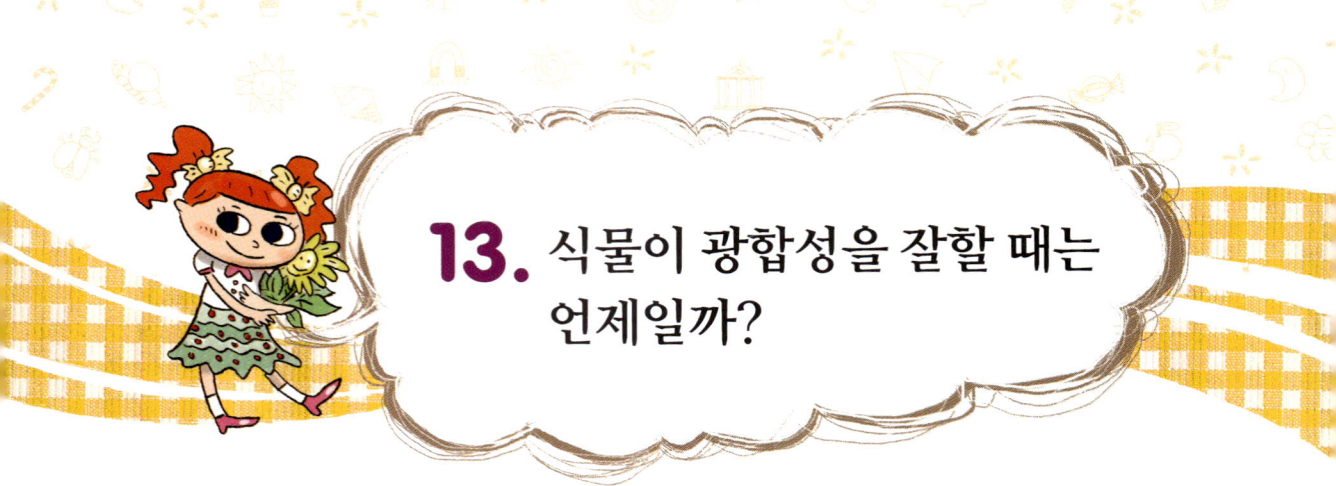

13. 식물이 광합성을 잘할 때는 언제일까?

아무리 광합성이 에너지를 얻는 훌륭한 방법이라고 해도 동물이 광합성을 할 수 없는 이유를 이제 알겠지? 대신 우리는 맛있는 음식을 먹을 수 있잖아. 게다가 식물이라고 해도 언제나 광합성을 쉽게 할 수 있는 것은 아니야. 식물도 나름 힘들 때가 많다고.

광합성을 하기 좋은 온도는?

퀴즈! 다음 광합성과 온도와의 관계에 대한 설명 중 틀린 것은 뭘까?

1) 광합성은 온도의 영향을 받지 않는다.
2) 광합성은 40도가 넘으면 반응 속도가 급격히 떨어진다.
3) 광합성이 잘되는 온도는 20~35도이다.
4) 광합성이 온도에 영향을 받는 것은 효소 때문이다.

이번 문제는 좀 어렵지? 답은 1)번이야. 광합성은 온도의 영향을 많이 받아. 좀더 과학적으로 알려면 우선 광합성이 일어나는 걸 돕는 효소에 대해 알아야 해. 효소가 뭐냐고? 효소는 화학 반응을 돕는 물질이야. 이런 것을 흔히 촉매라고도 하지.

그런데 효소랑 온도가 무슨 관련이 있냐고? 효소는 단백질로 되어 있는데 단백질은 온도에 아주 민감해. 예를 들어 대표적인 단백질 식품인 달걀은 온도가 조금만 높아도 쉽게 변해. 고작 40도 정도만 되어도 흰자가 불투명해지면서 굳어져 버리잖아.

따라서 단백질로 이루어진 효소의 도움을 받아야 하는 광합성은 온도의 영향을 받을 수밖에 없어. 그럼 광합성이 잘되는 온도는 몇 도일까?

대체로 화학 반응은 온도가 높을 때 잘 일어나지만, 단백질이 변형되는 40도 이상은 곤란해. 그리고 온도가 낮아도 광합성이 잘 일어나지 않지. 광합성은 약 20~35도 정도에서 가장 잘 일어난다고 해.

이산화탄소가 많으면 많을수록 좋을까?

광합성은 이산화탄소가 부족할 때도 잘 일어나지 않아. 반대로 이산화탄소의 양이 늘어나면 광합성 속도가 더욱 빨라지지. 평소 공기 중에 있는 이산화탄소보다 몇 배를 더 높여 주면 광합성이 증가한다는 연구 결과도 있어. 그래서 온실처럼 전문적으로 식물을 기르는 곳에서는 이산화탄소를 2배 정도 늘려 주기도 해.

하지만 이산화탄소를 너무 많이 공급하던 식물의 기공이 닫히는 등 부작용이 일어나니까 적절한 양을 유지하는 것이 중요해.

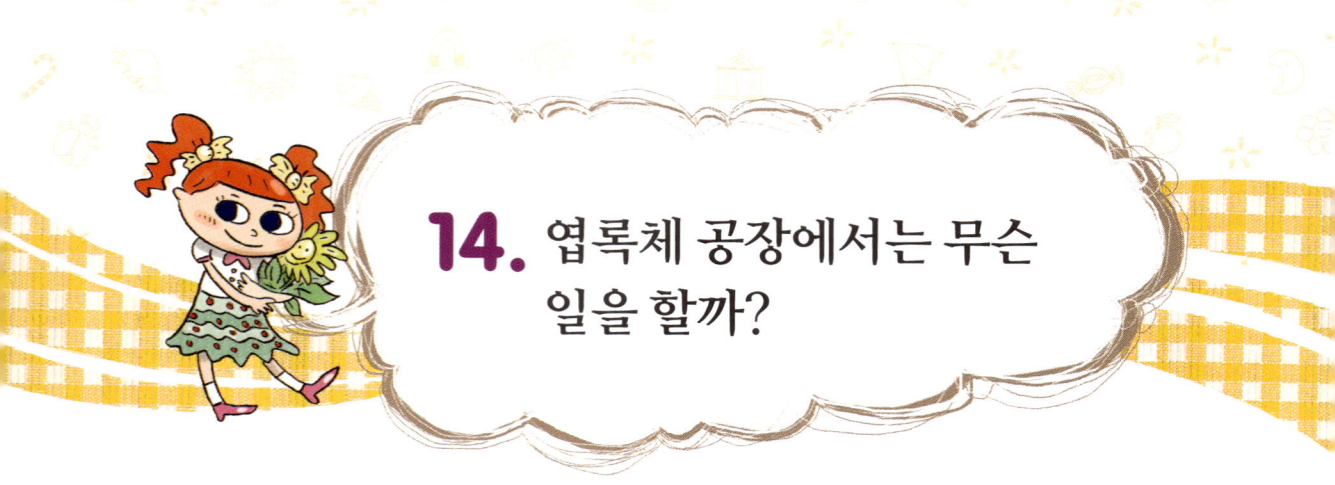

14. 엽록체 공장에서는 무슨 일을 할까?

 봄비가 좋아하는 고구마를 쪘어. 멍멍! 하여간 귀신 같이 냄새를 맡고 달려온다니까. 봄비! 기다려. 아직 뜨겁단 말이야.
 그럼, 식을 동안 고구마의 정체가 무엇인지 알아볼까? 엽록체가 광합성을 통해 포도당을 만들어 낸다는 것은 이미 알고 있잖아. 그럼 그렇게 만들어진 포도당은 어디로 가는 걸까? 힌트는 고구마야.

포도당이란?

 광합성으로 만들어진 것이 포도당이라고 했지? 포도당은 탄수화물의 한 종류로 아주 중요한 물질이야. 탄수화물에는 포도당과 엿당, 설탕, 녹말 등이 있는데 이들의 공통점은 바로 탄소가 들어 있다는 거야. 탄소는 탄수화물을 이루는 중요한 원소로 탄수화물의 뼈대와 같은 역할을 해.

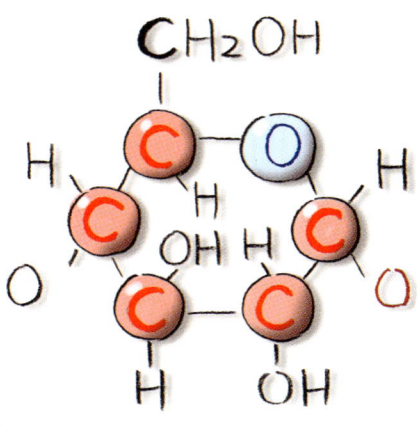

포도당($C_6H_{12}O_6$)의 화학식

탄소는 왼쪽 그림처럼 다른 원자를 붙들고 있는 '팔'을 4개나 가지고 있거든. 이것은 곧 다른 원자들과 결합해 무엇인가 만들어 낼 수 있다는 뜻이기도 해.

광합성으로 만든 포도당의 화학식은 $C_6H_{12}O_6$이야. 그러니까 탄소 6개, 수소 12개, 산소 6개가 모여 만들어진 화합물인 거지. 이때 탄소는 탄소끼리 서로 손을 잡거나 탄소가 다른 팔을 벌려 수소나 산소를 붙잡고 있는 거야.

엽록소가 만든 포도당은 어떻게 될까?

그럼 빛에너지와 이산화탄소, 물을 이용해 광합성을 한 후 만들어진 포도당은 어디로 갈까?

1) 잎과 줄기, 열매에 녹말의 형태로 저장된다.
2) 세포가 에너지를 필요로 할 때 녹말을 분해하여 사용한다.
3) 식물의 몸을 이루는 재료가 된다.

답은 모두 다야. 광합성으로 만들어진 포도당은 뿌리와 잎, 줄기를 이루는 재료가 돼. 열매와 씨앗도 포도당으로 만들어지지. 또 포도당이 여러 개 연결되어 만들어진 녹말은 세포의 영양분으로 쓰여. 그리고 녹말이 분해되면 에너지가 나오는데 이것을 이용해 식물이 살아갈 수 있는 거야.

이때 쓰고 남은 포도당은 대개 녹말로 변해 잎과 줄기, 열매에 저장돼. 일부는 체관을 통해 뿌리로 보내져 저장되기도 하지. 결국 쌀, 고구마, 감자, 옥수수 등은 식물이 부지런히 광합성을 해서 저축해 놓은 것들이야. 그걸 우리가 먹고 있는 거라고.

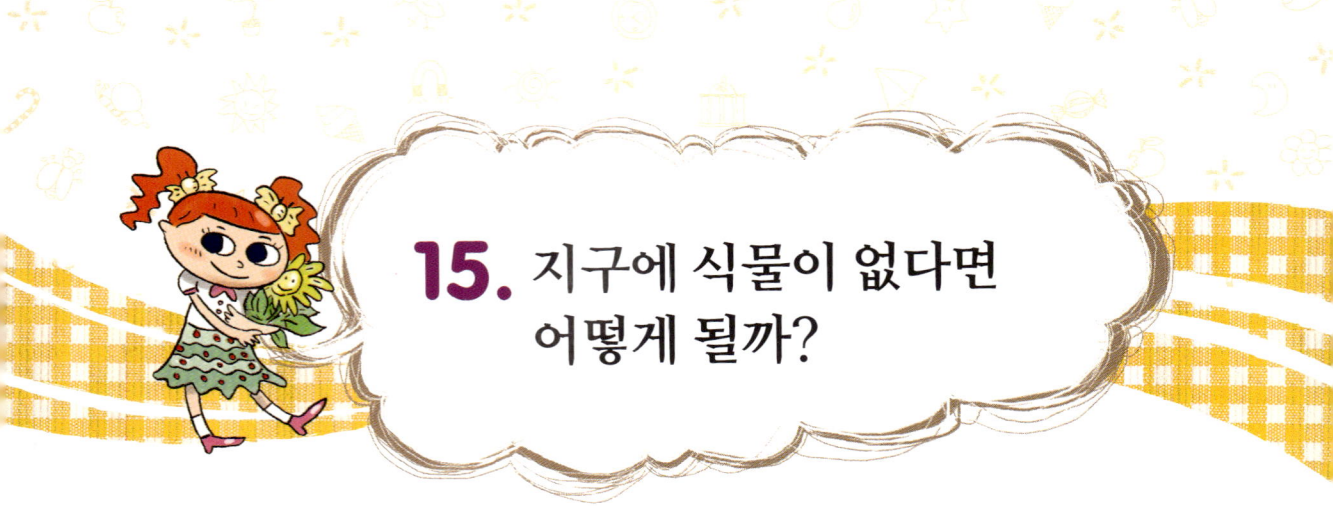

15. 지구에 식물이 없다면 어떻게 될까?

만약 지구에 식물이 없었다면 어떻게 되었을까? 야채나 밥을 못 먹었을 거라고? 맞아. 그런데 야채가 없으니까 고기를 실컷 먹을 수 있을 거라고 생각한 사람도 있어? 하지만 고기도 먹을 수가 없을 걸. 모든 동물들은 식물이 없으면 숨을 쉴 수 없고 먹이를 구할 수도 없으니까 말이야. 한마디로 지구는 생명이 살 수 없는 죽은 별이 됐을 거야. 식물이 우리에게 주는 많은 혜택을 안다면 식물 없이 살아간다는 건 상상할 수도 없어.

생물 생존에 꼭 필요한 두 가지

지구가 탄생한 지 약 10억 년 뒤에 생겨난 것으로 추측되는 광합성은 생물이 탄생할 수 있었던 기본 조건이었어. 지구의 생물은 공기 중의 산소와 탄소 화합물 덕분에 살아갈 수 있는데 이 모두를 제공해 주는 것이 바로 광합성이거든. 식물이 광합성을 통해 산소와 탄수화물을 만들어 주기 때문에 생물들이 살아갈 수 있는 거야.

생태계의 첫 번째 공급자

식물이 동물의 먹이가 된다는 것은 누구나 아는 사실이야. 초식 동물은 식물을 먹고살고, 또 그런 초식 동물을 먹고 사는 육식 동물이 있고……. 이게 바로 자연에서 이루어지는 먹이 사슬이지.

그렇다면 먹이 사슬의 마지막 포식자인 사람은 식물로부터 무엇을 얻을까? 물론 매일 먹는 밥부터 고구마,

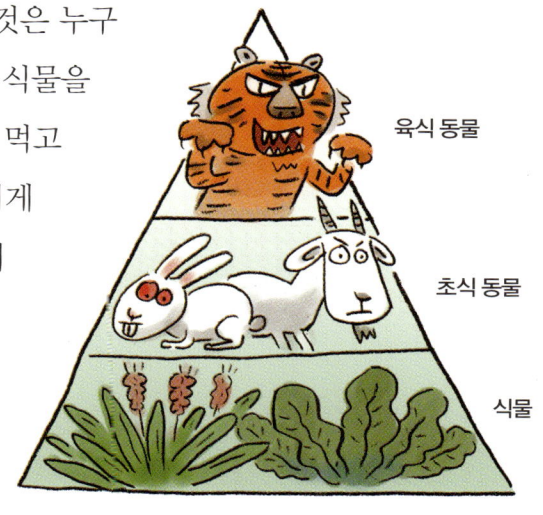

먹이 피라미드

감자, 밀가루 등 모든 탄수화물이 식물로부터 얻은 것들이야.

식물이 만들어 내는 탄수화물은 단백질이나 지방과 함께 우리 몸에 필요한 에너지를 공급해 줘. 탄수화물은 포도당으로 혈액 속에서 돌다가 세포에 흡수되기도 하고, 몸속 대사 과정에 필요한 에너지를 제공해 주지. 또한 글리코겐이라는 형태로 간이나 근육 등에 저장되어 있다가 에너지를 필요로 할 때에 포도당으로 분해되기도 해.

이렇듯 식물은 사람이나 동물에게 없어서는 안 될 중요한 에너지원이야. 그러니 늘 식물에게 감사하는 마음으로 살아야겠지?

중요한 연료가 되는 식물

그럼 산소와 음식 말고 식물이 우리에게 주는 다른 건 없을까? 있어. 바로 사람에게 꼭 필요한 연료가 되어 주지. 가장 대표적인 것은 나무야. 지금은 나무를 땔감으로 사용하는 경우가 적지만 100년 전만 해도 나무는 중요한 연료였어.

그럼 이번에는 화석 연료에 대해 알아볼까? 아래에서 화석 연료에 관한 설명 중 맞는 것을 골라 봐.

1) 땅속에 묻힌 식물이 오랜 시간이 지난 후 만들어졌다.
2) 현재 인간이 사용하는 연료 중 가장 많은 부분을 차지하고 있다.
3) 지금과 같이 마구 사용하면 화석 연료는 고갈되어 버릴 것이다.

답은 모두 다야. 화석 연료는 죽은 식물이 오랜 기간 땅속에 묻혀 변한 거야. 엄밀히 따지면 동식물의 유해가 변한 것이지만 식물이 더 많은 부분을 차지하니까 식물로부터 얻게 되었다고 해도 틀린 말은 아니야.

화석 연료는 우리가 지금 사용하고 있는 석탄과 석유, 천연가스 등을 말해. 하지만 매장 지역이 몇몇 곳에 집중되어 있고, 매장량도 한정되었기 때문에 지금처럼 마구 쓴다면 곧 다 없어져 버리고 말 거야. 그래서 이를 대체할 만한 대체 에너지 개발이 시급하다고 할 수 있지.

새로운 대체 에너지가 되어 줄 '바이오 연료'

우리는 화석 연료가 바닥날 것을 대비해 대체 에너지를 찾아야만 해. 이것은 인류가 해결해야 할 커다란 숙제이지. 그래서 요즘 새롭게 개발되고 있는 것이 바이오 연료(bio fuel)야. 바이오매스(biomass)라고도 하는 이 연료는 살아 있는 유기체뿐 아니라 동물의 배설물 등 대사 활동의 결과로 나온 부산물에서도 얻을 수 있어.

바이오 연료로 가장 관심을 받고 있는 것은 수확 시기가 짧은 작물들이야. 예를 들어 콩이나 옥수수, 사탕수수, 대나무 등이 있지. 또한 심은 지 5~8년이면 수확할 수 있는 잡종 포플러나 잡종 버드나무, 은단풍, 미

루나무 등도 바이오 연료로 개발되고 있어. 이 밖에도 가정이나 산업체에서 버리는 쓰레기를 바이오 연료로 만들기도 하지.

이렇게 만들어진 바이오 연료는 화석 연료보다 환경 오염 물질이 덜 나온다고 해. 그러니 환경 보호에도 좋겠지?

아직은 바이오 연료를 태워서 열에너지를 얻는 방법이 일반적이지만 앞으로는 자동차 연료나 전기 생산을 위한 연료로도 개발된다고 해. 그러면 바이오 연료는 다양하게 쓰이고 사용량도 더욱 늘어나게 될 거야.

- **대체 에너지** --
  기존의 에너지를 대체할 새로운 에너지. 흔히 석유를 대신할 원자력, 태양열 따위를 말한다.

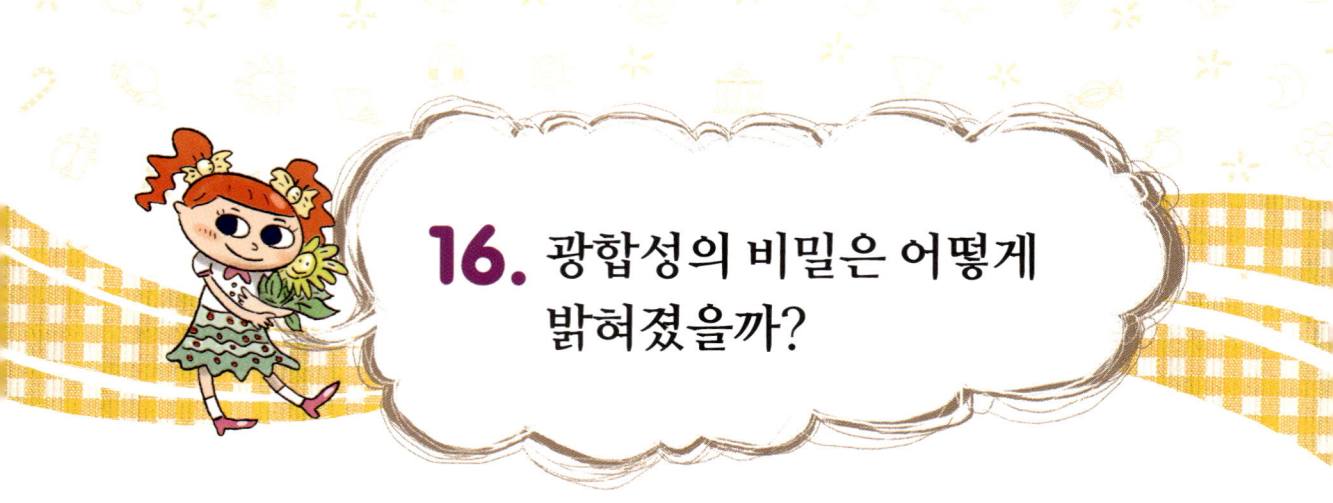

16. 광합성의 비밀은 어떻게 밝혀졌을까?

햇빛이 비치는 접시에 공기를 불어 넣고 물을 넣은 다음 주문을 외우자 짜잔, 접시 위에 거짓말처럼 빵이 나타났어. 마술사나 할 수 있을 거라고?

하지만 식물은 햇빛과 이산화탄소, 물만으로 탄수화물이라는 먹을 걸 만들어 내. 광합성은 식물만이 할 수 있는 마술 같은 일이지. 그런데 오랜 노력 끝에 광합성의 신비를 푸는 데 성공했어. 그럼 이제부터 광합성에 얽힌 재미있는 이야기들을 들어 볼래?

광합성을 처음으로 연구한 사람

'식물은 무엇을 먹고 살까?'를 궁금하게 여긴 사람이 있었어. 이런 궁금증이야 누구나 한 번쯤 가질 수 있겠지만 그것을 밝혀내기 위해 실험을 한 사람은 많지 않아.

가장 처음으로 이것을 실천한 사람은 헬몬트였어. 1648년 그는 건조한 흙을 화분에 담고, 어린 버드나무를 심은 뒤 물만 주었어. 그렇게 5년이 흐른 다음 헬몬트는 나무의 무게를 달아 봤지.

처음에 2.27킬로그램이었던 나무의 무게는 76.74킬로그램으로 늘어나 있었어. 그리고 흙의 무게도 재어 봤더니 처음 무게에 비해 0.06킬로그램이 줄어들었지. 흙의 무게가 줄어든 양은 극히 적은데, 버드나무 무게는 훨씬 많이 늘어났던 거야. 왜 이런 결과가 나왔을까?

헬몬트는 이 실험을 통해 식물이 흙으로부터만 양분을 흡수해 자라는 게 아니라 물을 먹고 자란다는 결론을 얻게 되었어. 만약 식물이 흙만 먹고 자랐다면 나무가 무거워진 만큼 흙의 무게도 줄어야 하잖아. 헬몬트는 광합성에 대해 명확히 알아내지는 못했지만 어렴풋이나마 광합성에 중요한 물의 존재를 눈치 챘던 거지. 그것만으로도 굉장한 발견이었어.

광합성을 밝혀낸 유리종 실험

1772년에 프리스틀리라는 과학자가 아주 재미있는 실험을 했어. 타고 있는 촛불을 유리종 속에 넣으면 잠시 후에 꺼져 버리지만, 여기에 식물을 넣으면 오랫동안 촛불이 꺼지지 않는다는 것을 알아낸 거야.

또한 식물과 동물을 각각 밀폐된 유리종 속에

Ⅱ 광합성과 호흡

넣어 두면 둘 다 죽고 말지만, 동물과 식물을 함께 넣어 두면 오랫동안 살 수 있다는 것도 알게 되었어.

그 후, 1779년 잉겐하우스라는 사람은 프리스틀리의 실험을 보완하여 다시 실험을 했어. 유리종 2개를 준비해 각각 쥐와 식물을 넣어 두고, 하나만 빛이 없는 곳에 둔 거야. 과연 어떻게 되었을까?

실험 결과 빛이 든 유리종 속의 식물과 쥐는 계속 살아남았고, 빛이 없는 쪽의 쥐는 죽고 말았어. 이 실험을 통해 식물이 햇빛을 받아야만 쥐에게 필요한 산소를 만들어 낸다는 사실을 알게 되었지.

빛이 있을 때는 쥐와 식물이 모두 살아 있다.   빛이 없을 때는 쥐가 곧 죽고 만다.

그림 퀴즈! 유리종 실험에 관한 설명 중 옳지 않은 것은?

1) 빛을 준 유리종 속의 식물과 쥐는 둘 다 살아남았다.
2) 빛을 준 유리종 속의 식물은 광합성을 해서 산소를 만들어 냈다.
3) 빛을 차단한 유리종 속의 식물과 쥐는 동시에 죽었다.
4) 빛을 차단한 유리종 속에서 쥐만 죽었다.

정답은 3)번이야. 빛을 차단하면 광합성이 일어나지 않기 때문에 산소가 나오지 않아. 그러면 쥐는 숨을 쉴 수 없어 금방 죽고 말지. 하지만 식물은 빛을 차단해도 저장된 양분으로 얼마간 버틸 수 있어. 물론 오랫동안 유리종 속에 갇혀 있다면 식물도 결국 죽게 될 거야.

광합성을 입증한 그 밖의 연구들

그 후로도 오랫동안 광합성에 관한 연구는 계속되었어. 1782년 제네비어라는 과학자가 식물에 빛을 비추면 식물이 이산화탄소를 흡수한다는 것을 실험을 통해 알아냈어.

1804년에는 소쉬르가 광합성을 한 후 늘어난 식물의 무게가 광합성을 할 때 식물이 흡수한 이산화탄소의 양보다 많다는 사실을 실험을 통해 알아냈어. 이로써 광합성에 이산화탄소뿐 아니라 물이 필요하다는 사실이 밝혀졌지. 소쉬르의 실험 결과로 '식물은 공기와 물을 먹고 살아간다'는 사실이 널리 받아들여지게 되었어.

그리고 1862년에는 식물이 빛에너지를 화학 에너지로 바꾸어서 저장한다는 것을 발견했어. 또한 1864년 작스는 식물에 빛을 쪼이면 엽록체 속 녹말 알갱이가 커질 뿐 아니라 빛에 노출된 잎에서만 녹말이 검출된다는 사실을 실험을 통해 알아냈어. 이를 통해 식물이 광합성을 할 때 산소뿐 아니라 탄수화물, 즉 녹말이 만들어진다는 것도 밝혀냈지.

또한 1905년 블랙만은 식물의 광합성이 명반응과 암반응의 두 단계를 거쳐 일어난다는 것을 알아냈어. 명반응과 암반응은 앞에서 이미 설명했는데 생각이 안 난다면 책장을 넘겨 다시 한 번 살펴보도록 해.

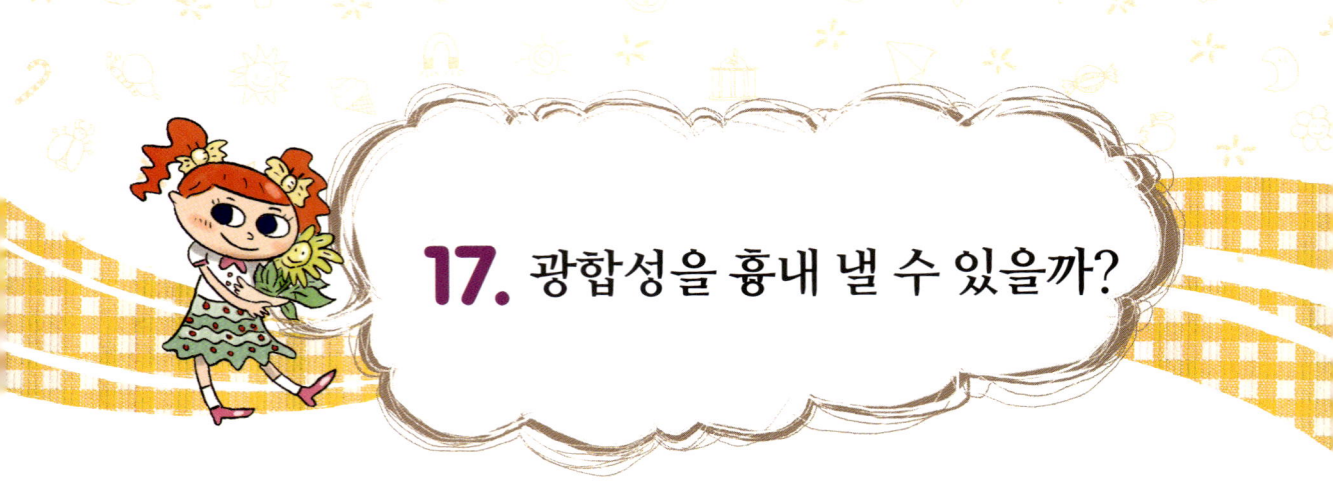

17. 광합성을 흉내 낼 수 있을까?

　광합성은 완벽할 정도로 과학적이고 합리적으로 에너지를 얻는 과정이야. 그래서 많은 사람들이 어떻게 하면 광합성을 흉내 낼 수 있을까 열심히 연구 중이야. 그럼 현대 과학이 광합성을 어떻게 흉내 내고 있는지 알아볼까?

광합성을 응용한 태양 전지

　태양은 자신을 불태우며 나온 에너지를 햇빛에 실어 지구로 보내 줘. 햇빛은 무려 1억 5천만 킬로미터나 떨어진 곳에서 지구까지 오지.

　태양 에너지의 가장 좋은 점은 공짜라는 거야. 요즘과 같이 화석 연료가 없어져 가는 때에는 이런 공짜 에너지를 이용할 방법을 찾는 일이 그 어떤 일보다 중요해졌어. 한 예로 태양 에너지를 이용한 태양 전지 개발을 들 수 있어.

난 태양열로 에너지를 만든다고. 어때 멋지지?

DSC(염료 감응형 태양 전지)는 식물이 햇빛을 받아 엽록소와 수액을 통해 녹말을 만들어 내는 광합성의 원리를 응용한 거야. 햇빛을 받으면 전자를 방출하는 특정 염료와 전해질을 이용해 전기를 만들어 내는 거지. 이렇게 개발된 DSC는 머지않아 우리 생활에 쓰이게 될 거야.

물을 분해하여 생산하는 수소 연료

그럼 광합성을 흉내 낸 다른 방법은 뭐가 있을까? 광합성을 할 때 물 분자는 산소와 수소로 분해되는데, 이러한 원리를 이용해서 연구하고 있는 것이 수소 연료야. 하지만 요즘 인터넷이나 텔레비전을 통해 소개되고 있는 수소 연료 전지는 엄밀히 따지면 물을 이용한 것은 아니야. 수소 분자를 얻기 위해 탄소와 수소의 화합물인 화석 연료를 분해해 수소를 만들고 있거든.

수소 연료 전지의 원리는 보통 전지와 비슷해. 양극에서는 수소가 이온이 되면서 전자를 내놓고, 이 전자가 음극으로 이동하지. 그럼 수소 이온이 공기 중의 산소와 반응해 물을 만드는 거야. 이때 전자가 이동하는 과정에서 전기 에너지가 나오는 거지. 물론 부분적으로 화석 연료를 사용하고 있긴 하지만 화석 연료만을 에너지로 사용하는 것보다 에너지 효율이 높다는 장점이 있어.

앞으로 과학이 더욱 발달해서 오직 물로만 수소 이온을 만들어 내는 기술이 개발된다면 화석 연료를 사용하지 않고도 무한대로 연료를 얻을 수 있는 에너지 혁명이 일어날 거야. 그럴 날도 멀지 않았다고!

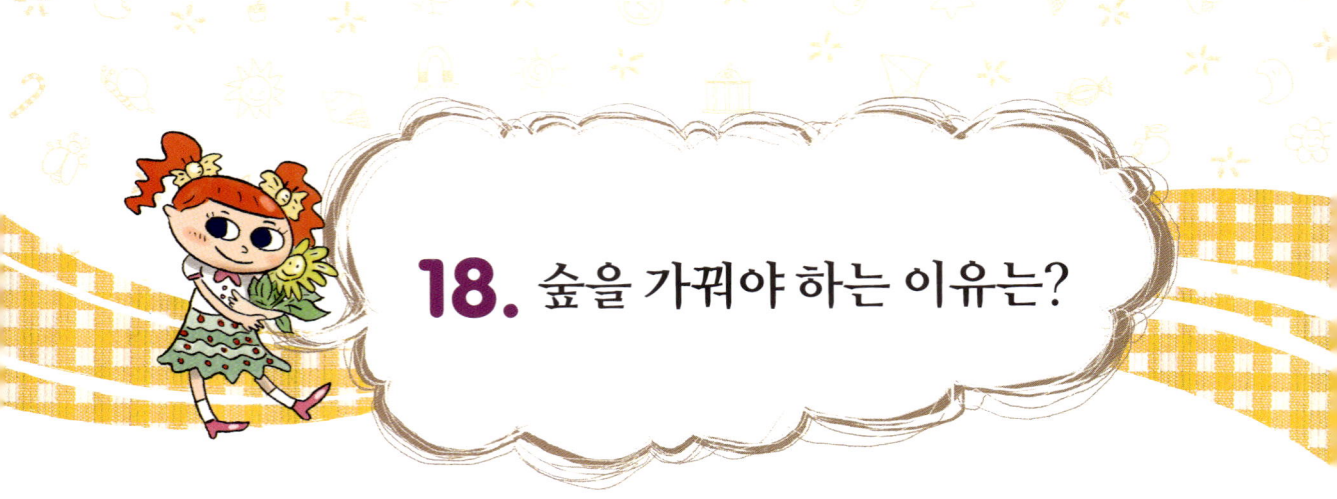

18. 숲을 가꿔야 하는 이유는?

 최근 우리나라의 여름이 점점 더 더워지고 길어지는 반면, 겨울은 점점 덜 추워지고 짧아지고 있어. 그 이유는 지구 온난화 때문이래.

원인은 온실가스?

 지구 온난화는 지구 표면의 평균 온도가 점점 올라가는 현상이야. 이 지구 온난화로 빙하가 녹고, 해수면이 올라가 해안선이 달라지는 등 여러 가지 문제가 생겨나고 있어. 그럼 지구 온난화의 원인은 무엇일까?
 첫 번째 원인은 온실 효과를 일으키는 온실가스가 늘고 있기 때문이야. 지구의 대기에는 이산화탄소, 프레온 가스, 메탄가스, 질소 화합물, 오존, 수증기 등이 함께 섞여 층을 이루고 있어. 이들은 지구에 도착한 태양 에너지를 잡아 두는 역할을 하지. 이 가스층이 점점 두꺼워지면서 지난 100년 사이에 지구의 평균 기온이 0.3~0.7도나 높아졌대.

지구를 살리는 숲

 지구 온난화를 막기 위해서는 석유나 가스 등 화석 연료의 사용을 줄이는 한편, 이산화탄소를 흡수할 수 있는 숲을 가꿔야 해. 숲이 광합성을 통해 이산화탄소를 산소로 바꿔 준다는 것은 이미 잘 알고 있겠지?

1990년대에 전 세계는 화석 연료 사용으로 매년 63억 톤의 탄소를 배출했다고 해. 반면 숲에서는 30억 톤의 탄소만을 흡수했대. 그리고 현재 산림 생태계에 저장되어 있는 탄소량은 5,500억 톤 정도야. 하지만 매년 광합성으로 대기와 교환되는 탄소 양은 1,200억 톤으로, 저장량의 22퍼센트 정도가 교환되고 있지. 따라서 현재 숲이 정화하고 있는 탄소의 양이 턱없이 부족하다는 것을 알 수 있어. 그래서 숲을 아끼고 더 많이 가꿔야 하는 거야.

지구에 온실가스가 많아진 이유는?

1) 산업이 발달하면서 화석 연료를 많이 쓰는 바람에 지구 대기에 이산화탄소가 너무 많아졌다.

2) 현대에 사용하기 시작한 프레온 가스 때문이다.

3) 숲이 파괴되어 줄어들었기 때문이다.

Ⅱ 광합성과 호흡

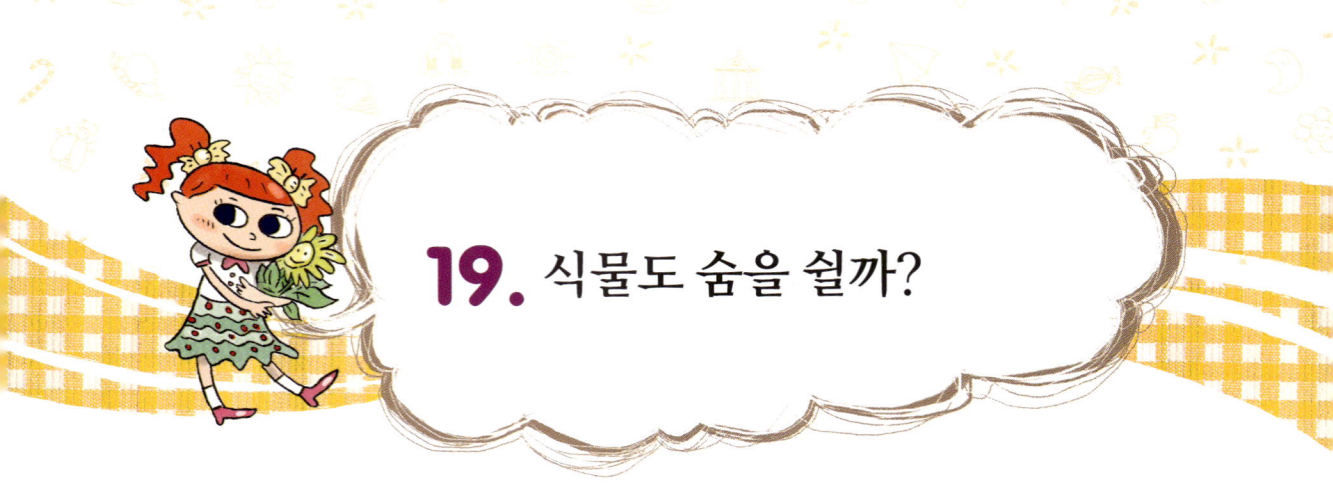

19. 식물도 숨을 쉴까?

식물도 숨을 쉰다는데 정말일까? 광합성을 할 때 이산화탄소를 빨아들이고 산소를 내보내는 걸 숨을 쉬는 거라고 착각한 건 아닐까? 아니면 진짜 식물도 숨을 쉬는 걸까?

낮에는 광합성만 할까?

식물은 낮에 광합성을 해서 자신의 몸에 필요한 영양분을 만들어. 그리고 이렇게 만들어진 영양분을 몸 구석구석으로 운반하고 저장하지. 그럼 이런 일들을 할 수 있게 하는 에너지는 어디서 나오는 걸까?

이 질문에 대답하기 전에 알아 둘 게 있어. 대개 호흡이라고 하면 단순히 공기를 들이쉬고 내쉬는 숨쉬기만을 생각해. 하지만 과학에서 호흡은 생물의 세포가 영양소를 분해해서 에너지를 만들어 내는 것을 말해. 자, 그렇다면 간단한 퀴즈를 낼게. 식물은 숨을 쉴까, 안 쉴까? 정답은 물론 '숨을 쉰다' 지.

 식물도 여러 가지 일을 하기 위해 에너지가 필요하고 그 에너지는 호흡을 통해 얻어야만 해. 그러니까 일을 많이 해야 하는 낮에도 호흡을 해야 하는 거지.

 이제 식물의 호흡에 관한 퀴즈를 풀어 볼까? 다음에 나오는 내용 중 틀린 것을 골라 봐!

 1) 호흡이란 산소를 들이마시고 이산화탄소를 내보내는 과정이다.
 2) 광합성은 에너지를 얻는 것이고, 호흡은 에너지를 쓰는 것이다.
 3) 식물의 호흡은 싹이 틀 때, 꽃이 필 때, 온도가 높을 때 특히 잘 일어난다.

 이 중에서 틀린 건 없어. 호흡이란 산소를 들이마시고 이산화탄소를 내보내는 대사 과정을 말해. 광합성과는 반대지? 대부분의 생물들은 이와 같은 호흡을 통해 양분을 분해해서, 살아가는 데 필요한 에너지를 얻어. 식물 역시 호흡을 통해, 모아 놓은 녹말을 분해시키고 생명 활동에 필요한 물과 이산화탄소, 에너지를 얻지. 따라서 식물은 낮이든 밤이든 늘 호흡을 하고 있어.

밤에는 호흡만 할까?

광합성은 이산화탄소를 흡수하고 산소를 내놓지만, 호흡을 할 때에는 반대로 이산화탄소를 내놓고 산소를 흡수한다고 했지? 이것을 다르게 표현하면 광합성은 포도당을 만드는 과정이고, 호흡은 포도당을 분해하는 과정인 거야. 간단히 말해 광합성과 호흡은 서로 반대되는 작용이야. 이렇게 설명하니까 훨씬 쉽지?

그런데 밤에는 어떨까? 밤에는 사정이 달라져. 햇빛이 없기 때문에 광합성이 일어나지 않거든. 따라서 식물은 밤에는 호흡만 하게 되는 거지.

호흡보다 광합성이 많이 해야 식물이 자란다고?

자, 그럼 퀴즈로 정리해 보자. 다음 설명 중 틀린 것은?

1) 식물은 낮에 광합성만 한다.
2) 식물은 밤에 호흡만 한다.
3) 식물은 낮에 광합성과 호흡을 동시에 한다.

정답은 1)번이야. 보통 식물은 낮에 광합성을 하고, 밤에 호흡을 한다고들 알고 있지. 하지만 앞에서 설명했듯이 낮에는 광합성과 호흡이 동시에 일어나고 있어.

그런데 식물이 자라기 위해서는 광합성의 양이 호흡의 양보다 많아야 해. 왜냐하면 광합성은 양분을 만들어 내는 활동이고, 호흡은 양분을 쓰는 활동이거든. 그러니까 낮에 식물이 광합성을 통해 만들어 낸 양분이 호흡을 통해 쓰이는 것보다 많아야만 식물이 자랄 수 있는 거지. 비유하자면 식물의 몸이 자라는 것은 저축을 하는 것과 같아. 통장의 돈이 점점 불어나려면 쓰는 것보다 버는 것이 많아야 하는 건 당연하잖아.

하지만 낮이라고 해서 매번 광합성의 양이 호흡의 양보다 많은 것은 아니야. 날이 흐리거나 비가 오는 날, 혹은 이른 아침이나 해가 질 때에는 호흡의 양이 더 많을 수도 있어. 햇빛이 부족해서 광합성의 양이 줄어들기 때문이야. 하지만 평소에 광합성을 많이 해서 영양분을 모아 둔 식물은 계속해서 자랄 수 있지.

호흡이 왕성한 시기

식물은 살아 있는 동안 영양분이 계속 필요해. 생명을 유지하는 데는 물론이고, 계속 자라려면 많은 영양분이 필요하지.

광합성을 통해 만들어진 영양분은 종자의 싹이 틀 때나 꽃이 필 때, 또 식물이 한창 자랄 때 가장 많이 사용돼. 앞에서 호흡은 영양분을 분해해 에너지를 얻고 소비하는 거라고 했잖아. 그러니까 영양분이 많이 필요한 때인 싹이 틀 때와 꽃이 필 때, 그리고 식물이 한창 성장해 갈 때야 말로 가장 호흡이 왕성하겠지?

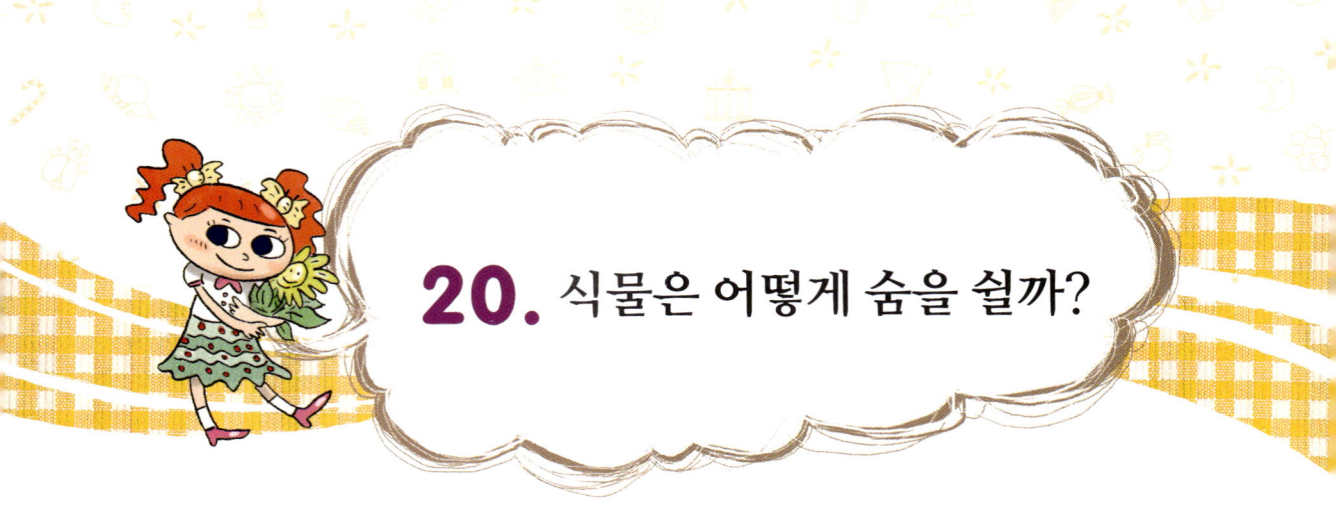

20. 식물은 어떻게 숨을 쉴까?

식물도 살아 있는 내내 낮과 밤을 가리지 않고 숨을 쉰다는 사실을 알았어. 하지만 우리처럼 숨소리를 내진 않아. 식물은 숨소리도 내지 않고 어떻게 숨을 쉬는 걸까?

잎에서만 호흡을 할까?

잎의 표피에는 기공이 있어 기체가 드나든다고 했던 거 기억해? 기공은 우리 몸의 코와 같은 역할을 한다고 했잖아.

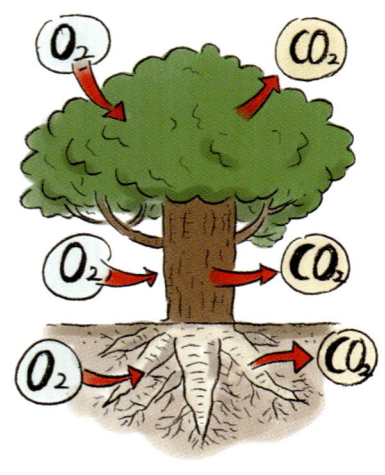

그런데 이 기공은 항상 열려 있는 게 아니라 식물의 필요에 따라 열렸다 닫혔다 하지. 광합성을 많이 하는 낮에는 주로 이산화탄소를 많이 받아들이고 산소를 배출하지만, 광합성을 하지 않고 호흡만 하는 밤에는 산소를 받아들이고 이산화탄소를 내놓지.

그럼 식물은 잎으로만 호흡을 할까? 꼭

그렇지만은 않아. 기공 세포가 많은 잎에서 호흡하는 양이 물론 더 많지만, 뿌리와 줄기, 가지에서도 호흡이 일어나고 있어.

또한 물수세미나 연꽃 등의 수중 식물은 몸속에 공기가 들어 있는 빈 공간이 있어서 호흡에 도움을 주기도 해. 우리는 코나 입으로만 호흡을 하는데 식물은 정말 대단해.

이산화탄소를 따로 저장하는 선인장

선인장처럼 물이 없는 지역에 사는 식물은 낮에는 기공을 닫아 놓고 있어야 해. 뜨거운 낮 동안 기공을 열어 두면 식물 몸속의 물이 모두 증발해 말라죽고 말 테니까.

그래서 밤에 기공을 열어 이산화탄소를 흡수해 저장하고 있다가, 해가 뜨는 낮이 되면 광합성을 하지. 선인장과 같은 식물들은 몸속에 이산화탄소를 저장하는 기관이 따로 있어. 몸속에 공기 주머니를 갖고 있다니 재미있지? 그럼 잎이 하는 중요한 일 세 가지를 정리해 보자.

Ⅱ 광합성과 호흡

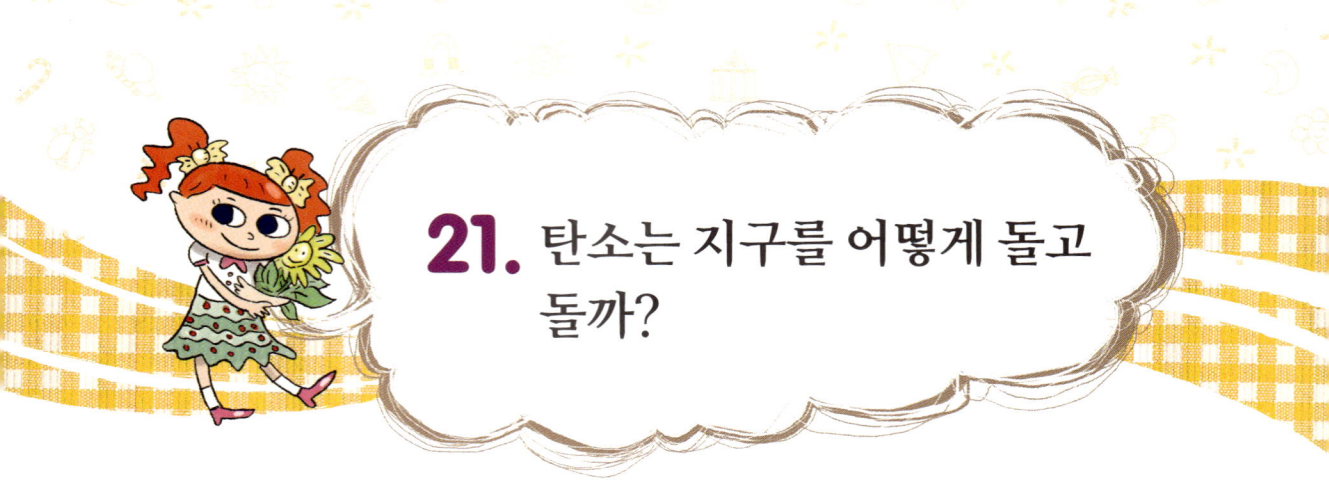

21. 탄소는 지구를 어떻게 돌고 돌까?

사람은 탄소와 무척 친해. 무슨 소리냐고? 탄소가 없으면 사람이 살 수 없을 거라는 말이야. 지금부터 하는 이야기를 잘 들어. 탄소에 관한 어마어마한 비밀을 알게 되면 깜짝 놀라게 될 거야.

탄소는 돌고 돈다

지구를 순환하는 것 중에는 크게 두 가지가 있어. 하나는 물이야. 물은 비가 내리면 땅에 스며들거나 강이나 바다에 머물렀다가 증발되어 수중

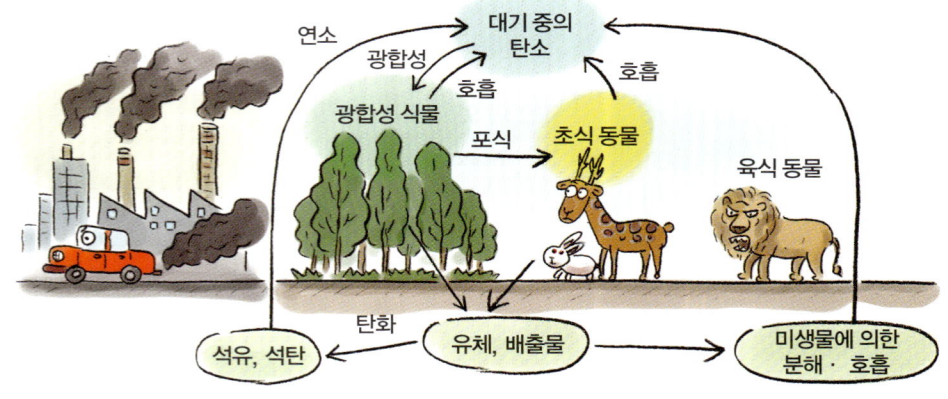

탄소의 순환

기로 올라가고, 다시 비가 되어 내리는 식으로 지구를 돌고 돌지.

나머지 하나는 탄소야. 바다와 대기, 육지 사이를 도는 탄소의 순환은 생물이 살아가기 위해 꼭 필요하지. 왼쪽 그림을 보면 탄소가 어떻게 순환하는지 알 수 있어.

우선 탄소는 이산화탄소의 형태로 대기 중에 있거나 바닷물에 녹아 있어. 바다는 거대한 이산화탄소 저장고라고 할 수 있지. 육지에서는 식물이 광합성을 할 때 이산화탄소가 탄수화물로 바뀌어. 바다에서는 식물성 플랑크톤이 광합성을 해서 이산화탄소를 탄수화물로 만들지.

이렇게 만들어진 탄수화물(탄소를 포함하고 있음)은 초식 동물의 먹이가 되고, 또 이러한 초식 동물은 육식 동물의 먹이가 되어 먹이 사슬을 통해 탄소가 전달돼. 그런데 생물들은 살기 위해 탄수화물을 에너지원으로 사용하고, 이 과정에서 탄수화물 속의 탄소는 다시 이산화탄소가 되어 공기 중으로 되돌아가는 거지.

식물   초식 동물   육식 동물

자, 그럼 복습 한번 해볼까? 다음 설명 중 틀린 것을 골라 봐.

1) 탄소는 이산화탄소로 대기나 바닷물 속에 녹아 있다.
2) 식물이 광합성을 해서 이산화탄소가 탄수화물로 바뀐다.
3) 먹이 사슬을 따라 탄소가 전달된다.

Ⅱ 광합성과 호흡

4) 동물은 탄수화물을 에너지원으로 사용하며, 그 과정에서 산소를 내놓는다.

답은 4)번이야. 동물은 호흡을 통해 산소를 들이마시고 이산화탄소를 내놓지.

한편 일부 탄소는 동물의 배설물이나 사체로 배출되기도 해. 이렇게 배출된 탄소는 바다로 가라앉고, 이것을 박테리아가 분해해서 이산화탄소를 내놓는 거야. 박테리아가 분해하지 않거나 부식 동물에 먹히지 않은 죽은 유기 탄소는 층층이 쌓여서 오랜 시간을 거쳐 화석 연료로 변해. 이것을 다시 사람이 연료로 사용하고 그 과정에서 이산화탄소가 또 배출되지. 우와, 탄소는 정말 바쁘겠어!

놀라운 탄소의 특성

탄소는 매우 중요한 원소야. 생물의 세포를 구성하는 원소는 27개밖에 안 되는데, 그중 수소(H)와 산소(O), 탄소(C), 질소(N)와 같은 4가지 주요 원소들이 소량의 인(P)과 황(S) 등의 원소와 함께 아미노산, 단백질, 당질, 지질, 핵산 등 여러 가지 생물학적 기능을 가진 분자를 이루고 있지. 어렵다면 탄소는 아주 중요한 원소로서 생물을 이루는 세포에 중요하게 쓰인다는 것만 꼭 기억해.

탄소가 중요한 또 다른 이유는 수소와 산소 또는 질소 등과 쉽게 결합해서 안정적인 화합물

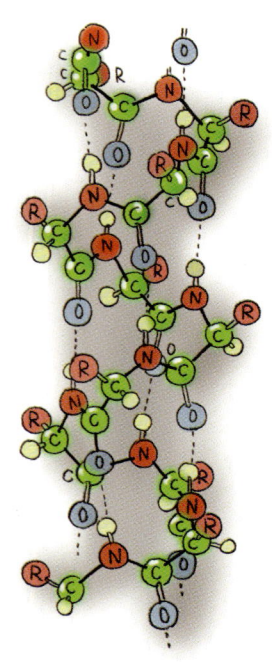

단백질의 나선 구조

을 만든다는 거야. 단일 결합, 이중 결합, 삼중 결합 등의 형태로 다른 원소들과 쉽게 결합할 뿐 아니라 사슬 모양과 고리 모양의 구조도 만들 수 있어서, 수백만 종의 물질을 이루고 있지.

네 팔 달린 탄소

가장 대표적인 탄소 화합물로는 탄수화물을 들 수 있어. 탄소는 탄수화물을 이루는 중요한 원소로 뼈대와 같은 역할을 해. 탄소는 다른 원자를 붙잡으려고 하는 '팔'이 4개나 있어서 다른 원자들과 결합하기가 쉽다는 건 이미 알고 있을 거야.

탄소가 4개의 팔로 수소를 붙잡고 있는 것을 메탄(CH_4)이라고 하는데, 메탄은 미생물이 동식물을 분해해서 부패할 때 나와. 실제로 탄소는 대기 중에 이산화탄소나 메탄가스의 모습으로 많이 있어. 또 석탄과 석유의 주성분이 탄소라는 것은 알고 있지?

이제 탄소도 물만큼이나 생물에게 없어서는 안 될 중요한 원소라는 걸 알았을 거야. 그런데 참 신기하지? 물이나 탄소처럼 없어서는 안 될 소중한 것들이 사라지지 않고 돌고 도는 거 말이야. 그래서 자연은 위대하다고 하나 봐.

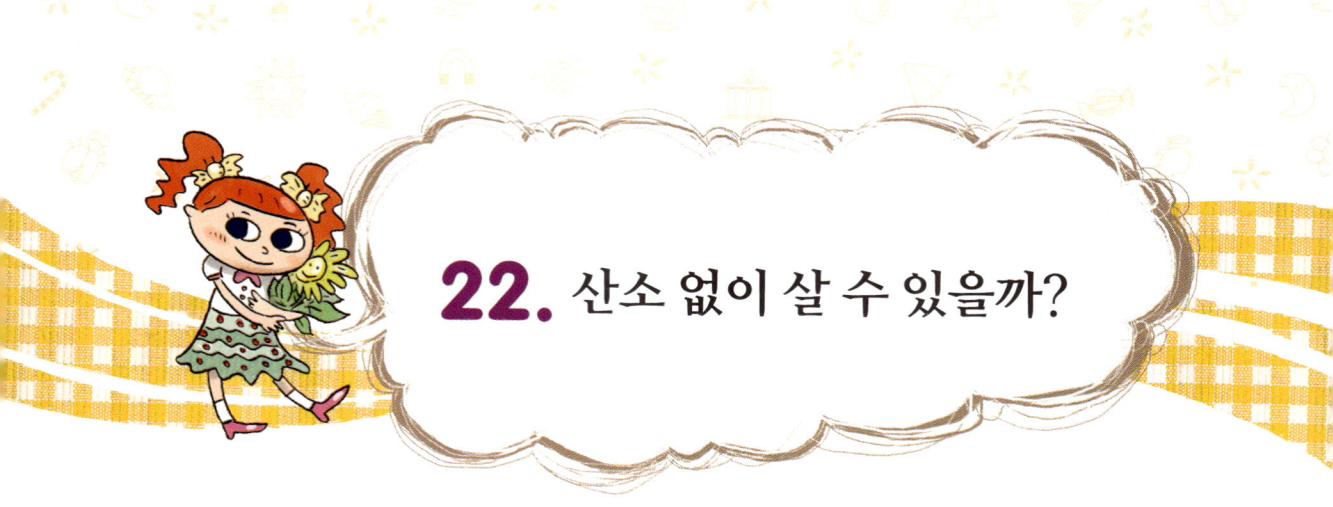

22. 산소 없이 살 수 있을까?

저런, 봄비가 또 사고를 쳤어. 비닐봉지에 빵 부스러기가 조금 남아 있었는데, 그걸 먹겠다고 좁은 봉지 안에 주둥이를 밀어 넣은 거야. 그런데 그만 봉지에 주둥이가 끼고 말았어. 개들은 주둥이 바로 위에 콧구멍이 있잖아. 숨을 못 쉬고 버둥거리는 걸 겨우 구해 냈지. 어휴, 조금만 늦었어도 큰일 날 뻔했네.

목숨과도 같은 원소 '산소'

봄비는 왜 죽을 뻔했을까? 그건 봉지 안의 산소가 금방 없어져 숨을 쉴 수 없게 되기 때문이야. 산소가 없으면 동물은 숨을 쉴 수 없거든. 그러니 지구에 산소가 사라진다면 정말 끔찍하겠지?

그렇다면 지구에 있는 산소는 생물들이 사용하기에 충분할까? 만약 부족하다면 산소를 더 만들어 낼 수는 없는 걸까? 정말 산소 없이는 하루도 살 수 없을까? 자, 지금부터 이 궁금증을 풀어 보자고.

산소는 지구에 있는 원소 중 많은 부분을 차지하고 있어. 색과 맛, 냄새가 없고, 공기 전체 부피의 21퍼센트를 차지하고 있지.

자, 그럼 다음 중 공기 속에 포함되어 있는 걸 골라 봐!

1) 산소   2) 질소   3) 아르곤   4) 네온   5) 헬륨

답은 모두 다야. 공기 중에는 질소가 78퍼센트나 되고, 산소가 21퍼센트, 그 외에 아르곤, 네온, 헬륨, 메탄, 크립톤, 수소 등의 기체가 있지. 하지만 우리가 숨을 쉴 때는 공기 중의 산소만 필요해. 우리가 들이마신 산소는 활동에 필요한 에너지를 만드는 데 사용되지.

또 산소는 다양한 화합물을 만드는 특성이 있어. 예를 들어 수소와 만나면 물을 만들고, 그 밖에 이산화황이나 알코올, 황산, 탄산, 질산, 황산나트륨, 탄산나트륨, 질산나트륨 등 셀 수 없이 많은 화합물을 만들지.

산소의 양은 충분할까?

대기 중에 있는 산소는 생물이 광합성을 통해 만든 거야. 지구의 산소 생산량 중 4분의 3은 바다에서 식물성 플랑크톤이 만들고, 4분의 1은 육지 식물이 만들고 있어. 아직까지는 지구의 모든 생물들이 숨 쉬는 데 부족하진 않아.

하지만 계속해서 마구 자원을 낭비하고 숲을 훼손한다면 언제 최악의 상황이 벌어질지 아무도 몰라. 그래서 에너지를 아끼고 열심히 숲을 가꾸고 보호해야 하는 거라고.

III 환경과 반응

식물도 동물과 닮은 점이 아주 많대.
스트레스도 받고 호르몬도 분비한다고 해.
식물들이 날씨와 적으로부터 어떻게
스스로를 지키는지 지금부터 알아보자!

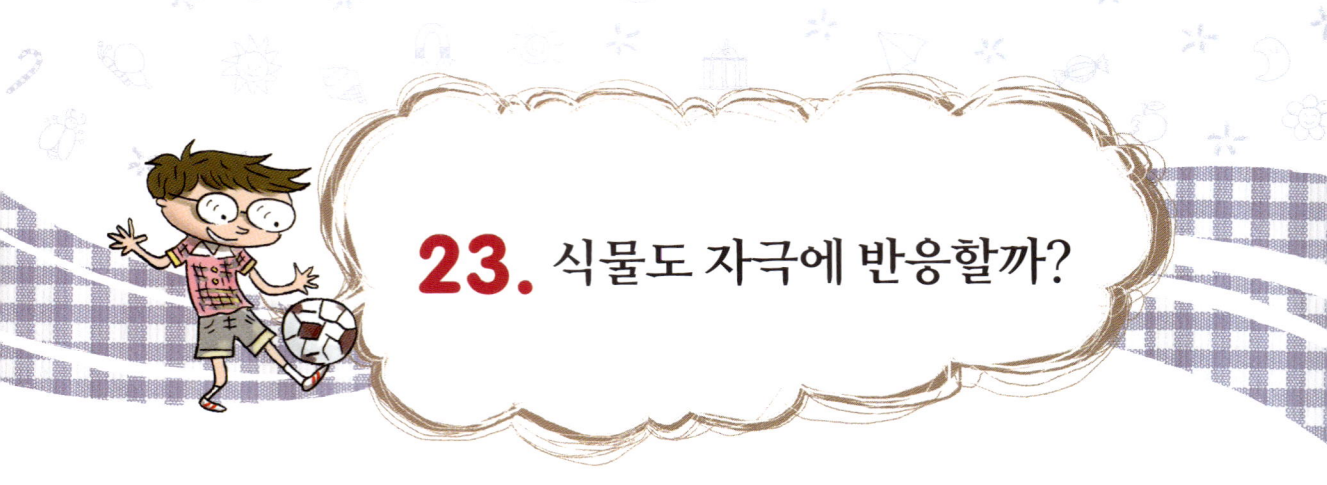

23. 식물도 자극에 반응할까?

맙소사! 정원의 키 작은 나무들이 모두 꺾였어. 도대체 누구 짓일까? 봄비가 그런 게 분명해. 봄비, 왜 꽃나무들을 몽당 부러뜨린 거야? 아마 봄비는 나무들이랑 놀고 싶어서 그런 걸 거야. 나무는 움직이지 못하는데 그것도 모르나 봐. 아 참, 아니다. 책에서 식물도 움직인다고 그랬지! 무슨 소리냐고? 그럼 이제부터 식물의 운동에 대해 알아봐야겠군.

굴광성

자극에 따라 방향을 바꾸는 '굴성'

식물은 뿌리를 옮겨 돌아다니지는 못하지만 나름대로 운동을 해. 빛이나 온도, 수분 등이 변해 환경이 달라지면 환경에 맞춰 몸의 일부를 움직이지. 이렇게 식물이 외부 자극에 반응하는 것을 생장 운동이라고 해. 생장 운동에서 가장 대표적인 것은 굴성이야. 굴성은 자극이 오는 방향이나 또는 그 반대 방향으로 몸의 일부가 구부러지는 것을 말해. 자극의 종류에 따라 굴광성, 굴지성, 굴촉성, 굴수성 등이 있지.

잠깐 퀴즈! 다음 굴성에 대한 설명 중 옳은 것은 뭘까?

1) 식물의 몸의 일부가 자극에 따라 움직이는 것을 굴성이라고 한다.
2) 굴광성은 빛이 자극이 되어 식물이 움직이는 것이다.
3) 굴지성은 중력이 자극이 되어 식물이 움직이는 것이다.
4) 굴수성은 물이 자극이 되어 식물이 움직이는 것이다.

답은 모두 다야. 굴광성(屈 굽을 굴, 光 빛 광, 性 성품 성)은 식물의 줄기가 빛을 따라 움직이는 것을 말해. 식물에게 빛은 아주 중요하기 때문에 살아남겠다는 강한 의지로 빛을 따라 움직이는 거지.

그런데 이때 빛이라는 자극이 있는 방향으로 움직이면 양성 굴광성이라고 하고, 반대로 빛을 피해 도망가면 음성 굴광성이라고 해. 식물의 줄기와 잎은 빛을 좋아해서 양성 굴광성을 보이고, 뿌리는 빛을 싫어해서 음성 굴광성을 보이지.

굴지성은 '땅 지(地)' 자를 써서 중력에 반응하는 것을 말해. 식물은 자라기 위해 위로 뻗어 나가려는 성질이 있는 반면, 뿌리는 땅속으로 뻗어가려는 성질이 있어. 이때 중력은 지구 중심 방향, 즉 아래로 작용하는데 줄기는

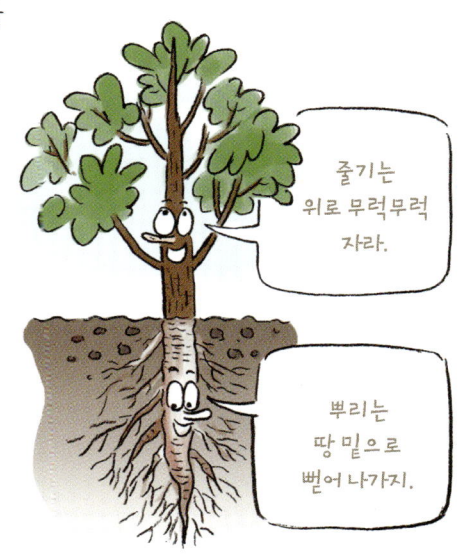

줄기는 위로 무럭무럭 자라.

뿌리는 땅 밑으로 뻗어 나가지.

Ⅲ 환경과 반응

중력과 반대 방향인 위쪽으로 뻗어가니까 음성 굴지성을 지닌 거고, 뿌리는 중력과 같은 아래쪽 방향으로 뻗어가니까 양성 굴지성을 지닌 거지.

또한 굴화성은 특정한 물질에 대해서 반응하는 것을 말하고, 물에 대해 반응하는 것은 굴수성, 기계적인 자극 때문에 일어나는 것은 굴촉성, 산소나 공기에 대해 일어나는 것은 굴기성, 전기 자극에 대해 반응하는 것은 굴전성이라고 하지. 식물은 정말 다양한 자극에 반응해 몸을 움직이고 있다고!

자극의 세기에 따라 움직이는 '감성 운동'

식물 중에는 자극의 세기에 따라 반응하는 친구들도 있어. 이러한 식물의 운동을 감성 운동이라고 하지. 대표적으로 감열성과 감광성이 있어. 감열성은 온도의 변화에 따라 나타나는 반응이고, 감광성은 빛의 세기에 따라 나타나는 반응이야.

민들레, 튤립, 크로커스는 온도의 변화에 따라 꽃이 피고 지는 대표적인 식물이야. 온도가 올라가면 꽃잎이 펴지고 온도가 내려가면 꽃잎이 닫히지.

나팔꽃은 빛의 세기에 따라 꽃잎이 열리고 닫힌다.

나팔꽃과 채송화, 국화 등은 빛의 세기에 따라 꽃잎을 열었다 닫았다

해. 신기하지? 빛이 없는 밤에는 꽃잎을 닫고, 빛이 강한 낮이면 꽃잎을 활짝 펼쳐 예쁜 모습을 보여주는 거야.

밤이 되면 쉬는 '수면 운동'

어두워지면 잎을 오므리고 휴식을 취하는 식물도 있어. 콩과식물이 대표적인데 강낭콩과 자귀나무, 자운영, 싸리나무 등이 있지. 그런 모습이 마치 사람들이 밤이 되어 눈을 감고 자는 것과 같다고 하여 '수면 운동'이라고 불러.

콩과식물의 이러한 특징은 줄기에 잎자루가 붙은 불룩한 곳인 엽침의 세포가 빛의 세기에 따라 늘어났다 줄었다 하면서 생기는 거야. 이것을 다르게 말하면 팽압의 변화 때문이라고 하지. 팽압은 세포 안의 세포벽이 원래 상태를 유지하기 위하여 누르는 압력을 말해. 세포의 팽압이 높아지거나 낮아져서 엽침이 늘었다 줄었다 하는 거야.

자극에 재빠르게 반응하는 미모사

미모사라는 식물은 엽침을 건드리면 송곳처럼 삐죽이 뻗어 있는 잎들이 오므라들어. 잎자루까지 아래쪽으로 구부러져서 마치 시든 것처럼 보이지. 이렇게 조금만 건드려도 재빠르게 반응하는 것은 잔잎과 잎자루의 밑 부분에 있는 특수 세포에서 수분이 빠르게 빠져나가기 때문이야. 정말 신기하지?

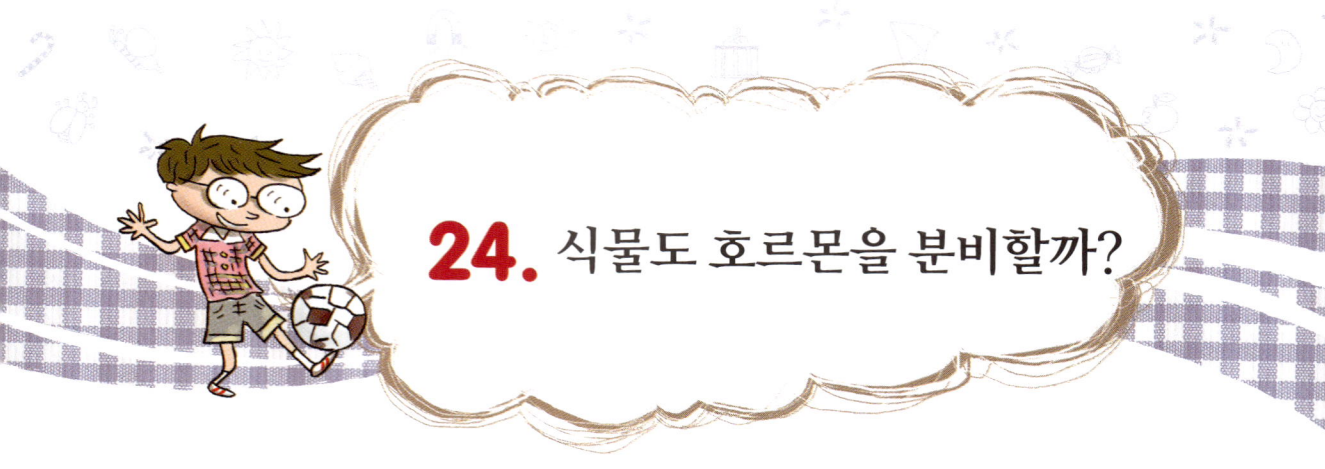

24. 식물도 호르몬을 분비할까?

　봄비는 암컷이야. 근데 아무래도 남성 호르몬이 너무 넘치는 것 같아. 호르몬이 뭐냐고? 호르몬은 신체의 각 기관들이 자기 역할을 해낼 수 있도록 돕는 물질이야. 평소에 몸 상태가 최상을 유지할 수 있도록 돕고, 상황에 따라 적절하게 몸의 상태를 바꾸어 주기도 하지.

　그러니까 호르몬은 동물뿐 아니라 식물에게도 꼭 필요하다고. 그럼 식물의 몸에서도 호르몬이 분비되는 거냐고? 물론이지!

식물 호르몬이 하는 일들

　식물의 호르몬 중 가장 대표적인 것만 알려 줄게. 우선 옥신은 식물의 성장에 관여하는 생장 호르몬의 하나야. 식물의 싹을 틔우고, 뿌리의 생장점에서 만들어져 길이 생장을 할 수 있도록 도와주지. 길이 생장은 키가 크는 것이라고 했지?

또 옥신과 비슷한 호르몬으로 지베렐린이 있어. 지베렐린은 고등 식물이 자라는 것과 싹이 트는 것을 도와줘. 그래서 품질 개량을 하거나 농작물을 많이 수확하기 위한 방법에 이용되곤 하지.

또 시토키닌이라는 것도 있어. 이 호르몬은 세포 분열과 세포 분화 등에 관여하지. 그리고 꽃눈 형성 호르몬인 플로리겐(개화 호르몬)은 꽃눈을 자극해서 꽃이 필 수 있게 도와줘. 또 식물이 성숙할 수 있게 하는 에틸렌도 있어. 에틸렌은 가스나 석유가 탈 때 생기는 에틸렌 가스와 같은 물질인데, 외부에서 에틸렌을 뿌려 주는 것만으로도 식물이 잘 익는대.

식물 호르몬은 누가 발견했을까?

가장 먼저 발견된 식물 호르몬은 식물의 성장을 도와주는 옥신이야. 옥신에 관해 연구를 하기 시작한 사람은 1870년경 찰스 다윈이었지. 식물의 떡잎집이 빛의 방향으로 굽는 굴광성을 조사하면서, 우연히 성장을 자극하는 물질이 있다는 것을 발견한 거야.

그 후 1928년 웬트라는 학자가 잘 자라고 있는 메귀리 떡잎집의 끝을 자르면 떡잎집의 성장이 멈추고, 자른 끝 조각을 붙이면 다시 자란다는 것을 알아냈어. 또 잘라 낸 끝 조각을 한천 조각 위에 몇 시간 놓았다가 그 한천 조각을 잘라낸 떡잎집에 얹어 주어도 역시 자란다는 것을 알아냈지. 이것은 곧 떡잎집 끝에서 성장을 도와주는 물질이 분비된다는 걸 뜻하는 거였어. 그 물질이 바로 옥신이라고.

- **떡잎집**
  자엽초라고도 한다. 외떡잎식물의 눈이 나올 때 이것을 싸고 있는 잎.
- **한천**
  우뭇가사리를 끓여서 식혀 만든 끈끈한 물질.

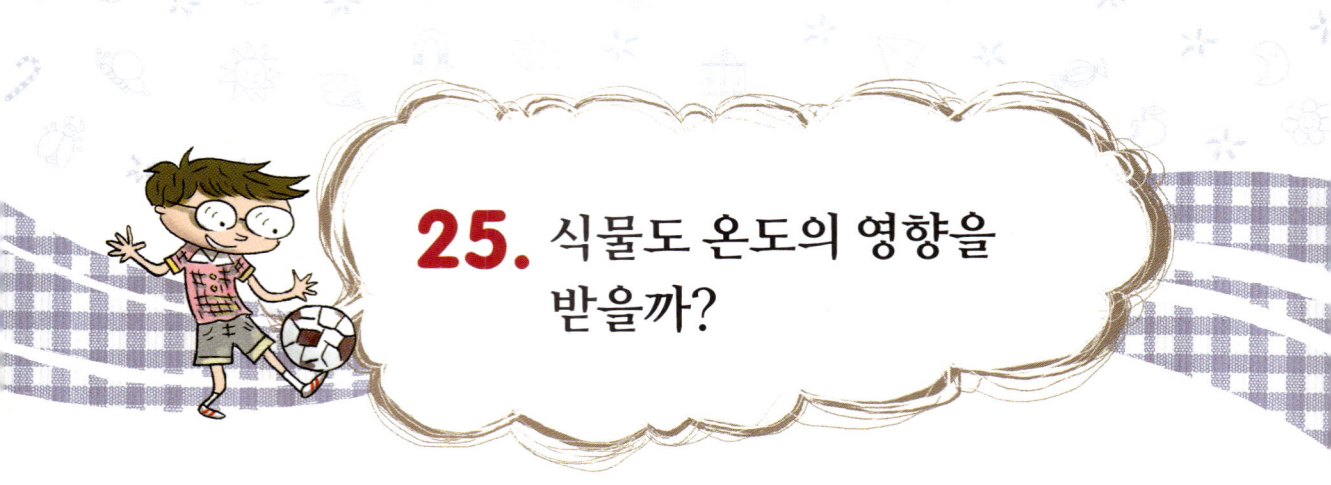

25. 식물도 온도의 영향을 받을까?

사람이 살아가는 데 알맞은 환경은 무엇을 갖추고 있어야 할까? 인터넷을 할 수 있어야 하고, 주변에 친구들도 많아야 하고, 학교는 가까워야 한다고? 멍멍! 봄비는 너무 춥거나 덥지 않은 알맞은 날씨와 뒹굴고 놀 풀밭이 있으면 된대.

그럼 식물이 잘 살아가기 위해 필요한 환경은 무엇일까? 사람이 원하지 않는 환경에서 스트레스를 받듯이 식물도 스트레스를 받는대. 뭐든지 묵묵히 참아 낼 것 같은 식물인데 도대체 어느 때 스트레스를 받는 것일까?

너무 더워도 스트레스를 받아

갑자기 날씨가 더워진다고 해봐. 사람이라면 우선 땀을 많이 내서 체온을 낮추려고 할 거야. 그러고는 서늘한 그늘을 찾아가서 시원한 물을 마시고 쉬고 싶어지겠지. 만약 계속 뜨거운 햇볕 아래 있다면 땀을 너무 많이 흘려 탈수증에 걸려 쓰러지고 말 거야.

식물도 사람과 비슷해. 바깥의 온도가 급격히 올라가면 식물의 잎에서는 증산 작용이 빨라질 거야. 잎의 기공을 통해 수분을 빨리 증발시켜서 몸이 더워지는 걸 막기 위해서이지. 수분이 증발하면서 식물의 열도 함께 빼앗아가거든. 하지만 계속 더운 곳에 있다면, 식물이 뿌리에서 흡수하는 물의 양보다 잎으로 내놓는 물의

양이 더 많아지면서 시들시들하다가 곧 말라죽게 돼. 사막을 떠올려 보면 이해가 쉽겠지?

낮은 온도에는 더욱 민감해

반대로 온도가 급격히 내려가면 어떻게 될까? 사람이라면 근육을 수축시켜 덜덜 떨게 만들어서 체온이 내려가는 것을 막으려고 할 거야. 하지만 추운 곳에 오랫동안 있으면 마침내 얼어 죽게 되겠지.

식물도 마찬가지야. 식물은 사람처럼 움직일 수 없기 때문에 온도 변화에 민감하고, 특히 낮은 온도에는 어쩔 도리 없이 당할 수밖에 없지. 그럼 추운 곳에서는 식물은 어떻게 변할까?

날씨가 추워지면 식물은 우선 모든 활동의 속도를 늦춰. 호흡과 광합성의 양을 줄이고, 식물이 살아가는 데 필요한 단백질을 합성하는 양도 줄이지. 그러면 잎의 성장이 줄어 시들고, 결국 갈색으로 변해 낙엽이 되어 떨어지게 되는 거야.

한 예로 따뜻한 지역에서 자라는 열대 식물의 경우에 0~10도 온도에 있

으면 물질 대사 속도가 급격히 느려지고, 몇 시간 또는 며칠 내에 식물이 심각한 피해를 입거나 죽게 된다고 해.

식물에게 가장 치명적인 '결빙'

식물에게 가장 큰 손상을 입히는 것은 바로 결빙이야. 결빙이란 '얼다'라는 뜻의 한자어로 식물이 꽁꽁 얼어붙는 것을 뜻해.

식물에 일단 결빙이 시작되면 돌이킬 수 없게 되고 말아. 식물 세포가 얼면 세포 속에 들어 있는 원형질이 파괴되어 세포가 죽고 말거든. 원형질의 주성분은 단백질로 되어 있는데 그게 얼면 마치 언 두부처럼 물기가 없이 까칠까칠하게 변해 버리지.

살짝 얼었을 때에는 세포가 모두 죽지 않지만 오랜 시간 저온이 계속되면 세포 속의 수분이 바깥으로 빠져나와 얼게 되고, 세포 사이에 생긴 얼음이 점차 커지게 돼. 결국 세포 사이의 얼음이 녹더라도 원래대로 돌아오지 않아 식물이 죽게 되는 거야.

추위로 생기는 피해는 결빙된 조직이 급격히 녹을 때 특히 심하고, 서서히 녹을 경우에는 비교적 덜해. 그러니까 식물을 기를 때에는 얼지 않도록 각별히 주의해야 해.

- **원형질**
살아 있는 세포에 들어 있는 유동성 물질. 세포 속에서 자기 증식, 물질 대사, 운동과 같은 생명 활동의 기초가 된다.

추운 지방의 식물은 어떻게 살아남을까?

추운 지방에 사는 식물의 특징은 무엇일까? 다음 중에서 골라 봐.

1) 식물의 잎에 털이 나 있어 온도를 유지한다.
2) 식물의 키가 작고, 잎도 땅 가까이에 납작하게 매달려 있다.
3) 추위를 피하기 위해 식물끼리 엉기어 뭉쳐 사는 것들도 있다.

답은 모두 다야. 추운 지방 식물들의 줄기나 잎에는 털이 복슬복슬 나 있어. 이러한 털들은 솜이불처럼 열이 몸 밖으로 빠져나가는 것을 막아 주지. 그리고 태양열을 받는 표면적을 넓혀 짧은 시간에 많은 열을 받을 수 있게 해줘.

또 광합성을 하는 잎을 최대한 땅바닥 가까이 납작하게 붙여서 땅바닥에 닿는 태양 복사열을 흡수하고 지열의 방출을 막는 식물도 있어. 그리고 작은 잎들이 겹겹이 둘러싸고 있거나 여러 개의 식물이 서로 빽빽하게 엉겨 뭉쳐 열이 빠져나가는 걸 막는 경우도 있지.

또한 줄기를 서로 얽어매어 쿠션처럼 만들고 떨어진 낙엽들을 쌓아 두어 온도를 유지하는 식물도 있대. 식물들이 추운 곳에서 살아남는 지혜가 놀랍지?

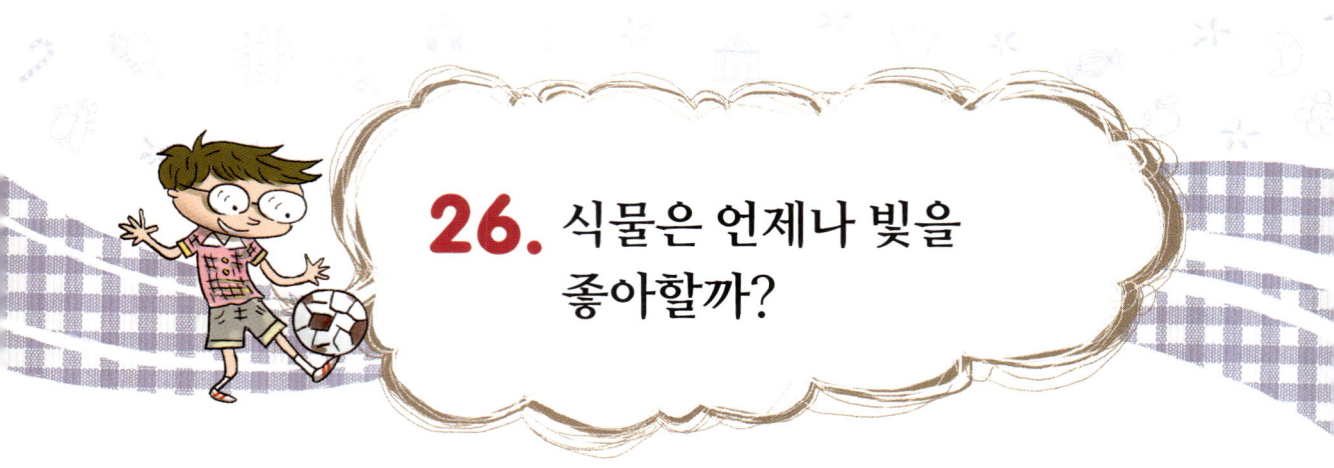

26. 식물은 언제나 빛을 좋아할까?

봄비, 아무리 햇빛이 좋아도 지금처럼 햇볕이 뜨거울 때 일광욕을 하다가는 일사병에 걸릴지도 몰라! 눈부신 햇살이 쏟아지는 날에는 기분이 정말 좋지? 그런데 식물도 사람 못지않게 빛을 좋아해. 식물이 살아가려면 빛이 꼭 있어야 하거든. 하지만 항상 햇빛을 알맞게 받을 수 있는 건 아니야. 어떤 곳은 필요한 빛이 충분하지 않고, 또 어떤 곳은 너무 강한 빛이 내리쬐어 타 죽을 정도거든. 그래서 적당하지 않은 빛도 식물에게 스트레스가 될 수 있어. 이제부터 식물을 괴롭히는 빛에 대해 알아볼 거야.

약한 빛에 살아남는 법

빛은 식물이 광합성을 할 때 꼭 있어야 해. 대부분의 경우에는 식물이 광합성을 하는 데 필요한 빛을 공급받을 수 있지만 그렇지 못한 경우가 가끔 생겨.

예를 들어 식물들이 모여 살고 있는 경우 주변에 있는 식물 때문에 필요한 햇빛을 얻지 못할 수도 있어. 잎이 많은 키 큰 나무들이 햇빛을 가리면 그 옆의 키 작은 식물들은 햇빛을 거의 받지 못하거든. 이렇게 햇빛이 부족한 곳에서도 살 수 있는 식물을 음지 식물이라고 해.

그럼 음지 식물에 대해 알아볼까? 다음 중 맞는 것을 골라 봐.

1) 음지 식물은 약한 빛으로도 살아갈 수 있다.
2) 음지 식물은 잎을 넓게 만들어 최대한 햇빛을 모은다.
3) 음지 식물은 가는 잎을 많이 만들어 햇빛을 받는 면적을 최대한 넓힌다.

답은 모두 다야. 음지 식물은 되도록 빛을 많이 받을 수 있도록 잎이 넓거나, 가는 잎을 많이 달고 있어. 햇빛이 적은 환경에서 주어진 시간 안에 필요한 햇빛을 최대한 많이 받기 위해서지. 정말 똑똑하지? 식물은 이렇듯 좋지 않은 환경들을 극복하며 씩씩하게 살아간다고.

강한 빛을 피하는 방법

빛이 부족해도 문제가 되지만 반대로 빛이 너무 강해도 식물은 스트레스를 받아. 너무 강한 햇빛에 노출되면 세포가 손상을 입을 수 있거든.

그래서 대체로 햇빛이 강한 곳에 사는 양지 식물의 잎은 크기가 작은 대신 잎살 조직이 두껍게

크라슐라

발달되어 있어. 잎살 조직은 위아래 표피 사이에 있는 세포층을 말하는데 여기에 엽록체들이 몰려 있어.

양지 식물의 잎은 같은 부피의 음지 식물보다 엽록체 수가 훨씬 많아. 그래서 잎의 면적이 좁아도 주어진 시간 내에 많은 양의 햇빛을 받아들일 수 있지. 또 넓은 잎은 강한 햇빛에 노출되면 세포가 손상을 입는 데 비해 좁은 잎은 햇볕에 타 들어가는 것을 막아 줘.

고산 지대에 사는 식물들이 무서워하는 것은 강한 자외선이야. 이를 막는 방어책으로 식물들은 잎의 면적을 좁게 하고, 두께를 두껍게 하며 주름을 만들어 자외선에 노출되는 것을 가장 적게 해. 그렇게 함으로써 식물 세포에 들어 있는 중요한 물질들(핵, DNA, 엽록소, 미토콘드리아 등)이 파괴되는 것을 막지.

또 다른 방법으로 잎의 표피 세포에 플라보노이드나 카로티노이드 등 색소 물질의 양을 늘리기도 해. 이러한 색소들이 자외선의 투과를 막아 주거든. 그래서 고산 지대에 사는 식물의 잎은 짙은 색을 띠고 있지. 혹시 고산 지대 식물을 볼 기회가 생기면 유심히 살펴보라고!

- **잎살**

  엽육(葉 입 엽, 肉 살 육)이라고도 한다. 잎의 기본 조직인 표피와 잎맥 이외의 조직으로 겉 표면 안쪽에 있는 녹색의 두꺼운 부분이다.

햇빛이 강하면 어떤 일이 벌어질까?

적당한 빛은 식물이 자라고 영양분을 만드는 데 꼭 필요한 것이지만, 그 이상의 강한 햇빛은 오히려 식물들의 생명을 위협해. 잎이 강한 햇빛에 노출되면 잎 뎀 현상이 일어나거든. 잎뎀 현상이란 사람들의 피부가 높은 열에 화상을 입듯이, 식물의 잎이 햇빛의 높은 열 때문에 타 들어가는 현상을 말해.

한여름 해수욕장에서 오랫동안 놀았을 때 피부가 어떻게 됐어? 빨갛게 변했을 거야. 이건 사람들의 피부가 자외선, 적외선, 가시광선을 오랫동안 받아서 그래. 처음에는 피부의 탄력성이 떨어지며 건조해지다가, 더 나아가서 주근깨나 기미와 같은 색소 침착이 일어나고, 나중에는 피부가 붉어지다가 결국 홍반이 일어나 화상을 입는 거야.

식물 역시 사람과 마찬가지로 강한 햇빛에 갑자기 잎이 노출되면 잎뎀 현상이 나타나서 처음에는 잎이 누렇게 변하다가 나중에는 새까맣게 타 버리게 돼. 이러한 현상은 양지 식물보다는 잎이 넓은 음지 식물에서 잘 나타나지.

- **잎뎀 현상**
식물의 잎이 갑자기 받은 햇볕의 높은 열 때문에 데는 현상.

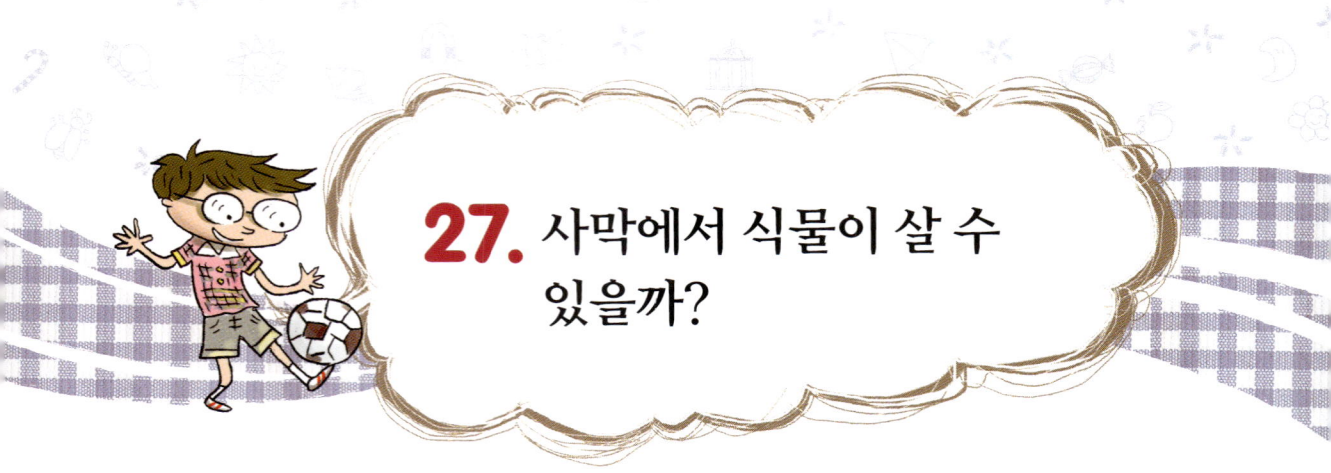

27. 사막에서 식물이 살 수 있을까?

"깨갱, 깨갱!"

온 집 안에 봄비의 비명 소리가 울려 퍼졌어. 왜 봄비를 괴롭히냐고? 아니, 그런 게 아니라 입 속에 박힌 선인장 가시들을 뽑고 있는 중이라고.

목이 말라서 선인장의 물을 빼먹으려다 그랬대. 선인장은 몸속에 물을 저장하고 있거든. 하지만 역시 하나만 알고 둘은 몰랐던 거지. 선인장은 몸속의 물이 밖으로 빠져나가는 걸 막기 위해 잎을 가시로 바꿔 놓았다는 사실!

식물은 물이 얼마나 소중한지 잘 알고 있어. 그래서 자신이 처한 환경에 맞춰 물을 아끼고 저장하며, 필요한 물의 양을 조절하고 유지하려고 노력하고 있지.

건조한 지역에 사는 식물들

그럼 다음 중 물이 부족한 곳에 사는 식물의 특징으로 맞는 것은?

1) 선인장은 잎을 가시로 바꾸어 수분의 증발을 막는다.
2) 사막에 사는 식물은 지하수를 흡수하기 위해 뿌리가 발달했다.
3) 바오바브나무는 줄기에 물을 많이 보관하기 위해 뚱뚱한 몸통을 가지고 있다.

답은 뭘까? 잘 모르겠다고? 그럼 이제부터 하나씩 알아보자고.

사막과 같이 물이 부족한 곳에서 사는 식물들은 건조한 기후에 적응하기 위하여 잎의 모습을 바꾸기도 해. 가장 대표적인 것이 선인장이야. 선인장은 잎의 기공에서 빠져나가는 수분을 막으려고 잎을 가시로 바꿔 버렸어. 그러니까 선인장 가시는 원래 잎이었던 거지. 대신 잎에 공급하고 남은 물은 도톰한 줄기에 저장해.

『어린 왕자』에 나오는 바오바브나무 알아? 이 나무는 무척 특이하게 생겼어. 마치 나무를 뽑아 거꾸로 심은 것처럼 생겼거든. 진짜 뿌리에 머리가 달린 것 같다니까.

바오바브나무는 아프리카에서 자라는 식물이야. 건기와 우기가 있는 사바나 기후에 잘 적응할 수 있도록 진화를 한 거지. 우기에는 괜찮지만 건기가 되면 긴 가뭄 동안 나

Ⅲ 환경과 반응

무줄기에 물을 많이 보관하도록 줄기가 뚱뚱해지고 그에 비해 가지나 잎은 작아진 거야. 그래서 바오바브나무는 오랫동안 비가 오지 않는 지역에서도 살 수 있어.

또한 건조한 열대 사바나에 사는 식물은 뿌리가 전체의 30~40퍼센트를 차지하고, 사막에 사는 식물은 뿌리가 90퍼센트에까지 이른다고 해. 사막은 아주 짧은 기간만 비가 내리는데, 이 비는 패인 곳에 모였다가 수 미터 아래의 지하수가 되거든. 그래서 이 지하수에 닿기 위해 뿌리를 길게 발달시키는 거지. 식물들이 살아남기 위한 노력이 정말 눈물겹지? 그러니까 결국 퀴즈의 답은 모두 다야.

물이 부족하면 생기는 현상

식물에게 물이 부족하면 이상 현상들이 발생하기 시작해. 우선 식물은 생장 과정의 속도를 줄이지만, 계속해서 수분을 제대로 공급받지 못하면 생장을 완전히 멈춰 버리게 돼.

또한 영양분을 만들어 내는 광합성도 줄어들지. 광합성을 하기 위해서는 외부로부터 이산화탄소를 흡수하고 뿌리로부터 물을 공급받아야 하는데 물이 부족하니까 광합성을 할 수 없게 되는 거야.

수분 스트레스가 더욱 심해지면 기공이 점점 닫히고 증산 작용과 줄기 생장을 줄이게 돼. 하지만 뿌리에서는 수분을 어떻게

든 빨아들여야 하니까 뿌리 생장은 촉진되지. 그러다 기공이 완전히 닫히게 되면 광합성과 증산 작용을 모두 멈추게 돼. 물이 없으니까 최대한 몸 안의 수분 손실을 줄이기 위해 노력하는 거야.

수분 스트레스를 받을 때 식물의 반응

수분 스트레스의 강도가 심하지 않고 짧은 기간이라면 식물이 입는 피해는 적어. 스트레스가 없어지면 다시 원래 모습으로 회복되거든. 하지만 수분이 계속 부족하면 꽃을 피우거나 열매를 맺는 데 방해를 받게 되고, 생존의 위협마저 느끼게 되지.

그래서 건조한 지역의 식물은 우기가 오면 짧은 기간에 빨리 싹을 틔우고 자라서 꽃을 피우는 경우도 있어. 적당한 습기가 있는 동안만 짧은 생을 살다가 죽는 거지. 그러고는 건기가 오면 휴면 상태의 종자로 지내면서 다시 우기가 오기를 기다리는 거야.

또 건조한 지역의 다년생 나무 중에서는 증산 작용에 필요한 수분을 토양에서 빨아들일 수 있을 때에만 잎을 달고 있다가 그렇지 못한 상황이 오면 낙엽이 지게 해. 게다가 강우량이 많은 겨울에는 넓은 잎, 건조한 여름에는 작은 잎으로 계절에 따라 잎의 형태를 달리하기도 하지.

이렇듯 식물은 나쁜 환경 조건을 적절히 피해 가며 끈질긴 삶을 계속 살아가고 있는 셈이야.

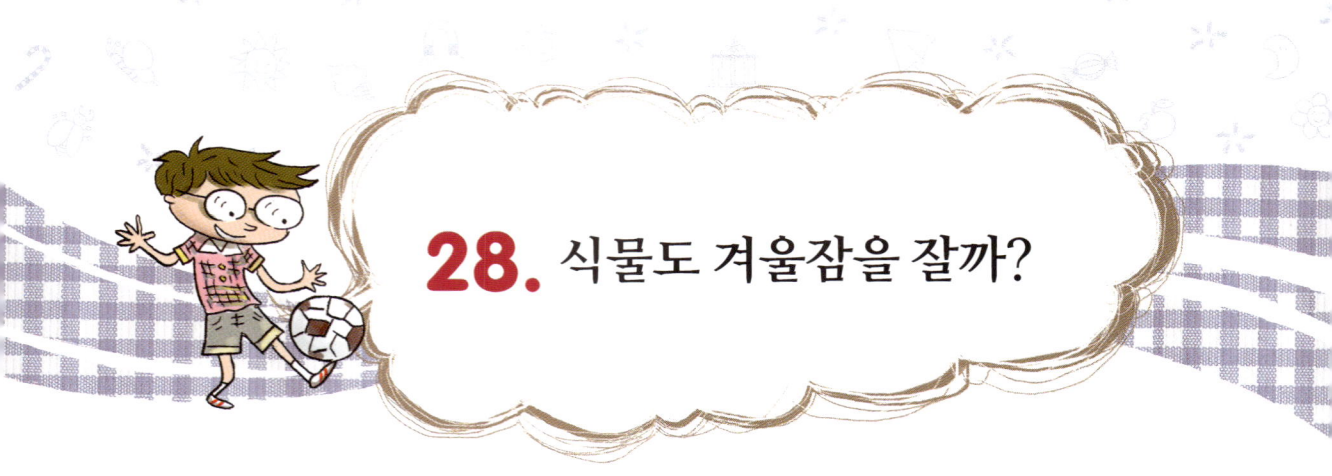

28. 식물도 겨울잠을 잘까?

음냐 음냐~ 아! 따뜻해. 이곳에서 벗어나고 싶지 않아.

추운 겨울이 오면 겨울잠을 자는 동물들이 있잖아. 너무 추우니까 따뜻한 땅속이나 굴속으로 들어가 겨울잠을 자고 새봄에 나와 새로운 생활을 시작하는 거지.

겨울잠을 자는 대표적인 동물로는 곰, 뱀, 개구리가 있어. 그런데 동물들처럼 식물도 겨울잠을 잔대. 이제부터 식물의 겨우살이에 대해 알아볼까?

겨울에는 쉰다고?

추운 지역의 식물은 겨울을 견뎌 내기 위해 겨울눈을 만들어. 겨울눈이란 추위에 적응하기 위해, 생장과 발달에 좋지 않은 기간 동안 눈을 휴면(休 쉴 휴, 眠 잠잘 면) 상태로 있게 하는 거야.

휴면이란 환경이나 조건이 적당하지 않을 때 생물이 자라지 않고 마치 잠을 자듯이 활동을 하지 않는 거야. 오랜 시간 동안 환경에 적응하기 위해 생물이 만들어 낸 방법의 하나이지.

내가 겨울눈이야. 단단한 비늘 조각으로 덮여 있고 따뜻한 솜털 옷을 입고 있다고.

그런데 눈이 뭔지는 알지? 눈은 어린 가지의 끝이나 잎겨드랑이에 달리는 것으로 앞으로 잎이나 꽃, 줄기가 될 부분이야. 휴면 상태로 겨울을 나는 겨울눈은 단단한 비늘 조각으로 덮여 있고, 송진과 털 등으로 보호를 받고 있지.

우리나라와 같은 온대 지방에 사는 다년생 낙엽 식물은 보통 1년을 주기로 생장을 멈추는 시기를 가져. 늦여름이나 초가을에 눈을 만들어서 휴면 상태로 겨울을 지내고 새봄이 오면 새롭게 생장을 시작하는 거지.

휴면에서 언제 깨어날까?

그렇다면 식물은 휴면을 멈추고 생장을 시작할 시기를 어떻게 알아차리는 걸까?

그건 식물의 종류마다 조금 다른데, 겨울눈의 경우에는 온도가 휴면을 벗어나는 열쇠가 돼. 기온이 영하보다 높은 온도가 어느 정도 지속되면 휴면에서 깨어나려고 하지. 그리고 휴면 중인 종자는 밤의 길이가 짧아지는 것으로 봄이 오는 것을 알아차려. 또 온도와 빛, 호르몬 등이 휴면에서 깨어나 싹을 틔우도록 돕는 것으로 알려져 있지.

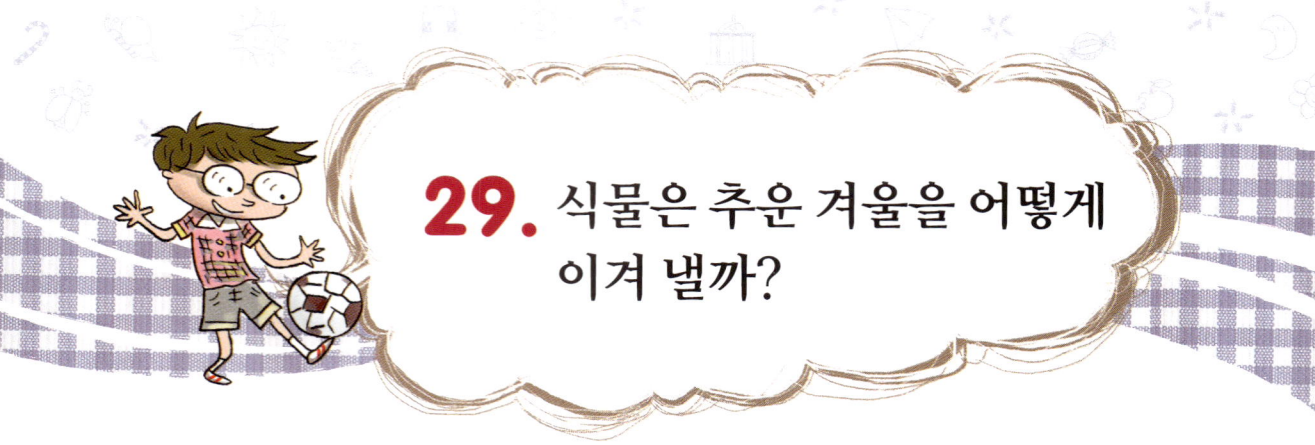

29. 식물은 추운 겨울을 어떻게 이겨 낼까?

가을이 되니까 나무들이 빨갛게 노랗게 물이 들었네. 부모님도 주말에 단풍놀이를 가실 계획이래. 하지만 이렇게 예쁜 단풍들도 얼마 안 있으면 모두 잎이 지고 말겠지? 아주 잠깐 동안 화려한 색을 뽐내는 나뭇잎이 정말 신기해. 그런데 단풍은 왜 드는 걸까?

단풍이 드는 이유

우리가 보는 나뭇잎은 녹색이지만 사실 식물의 잎에는 여러 가지 색소가 숨어 있어. 식물의 잎을 현미경으로 관찰하면 수많은 엽록체가 들어 있는데 그 엽록체 안에는 엽록소 외에도 많은 종류의 색소 분자들도 들어 있지.

잎이 녹색으로 보이는 것은 엽록체 속에 들어 있는 엽록소가 녹색 빛을 반사하기 때문이라고 했잖아. 이건 이미 배운 내용이지? 특히 여름에는 식물이 광합성을 왕성하게 하기 때문에 엽록소의 양이 많아지고 잎의 색은 짙은 녹색을 띠게 돼.

그런데 가을이 되어 기온이 낮아지고 낮의 길이가 짧아지면 식물의 광합성 작용은 서서히 줄어들게 돼. 마침내 엽록소 생산을 멈추게 되고, 이미 만들어져 활동하던 엽록소도 분해가 되면 엽록소에 가려져 있던 색소가 겉으로 드러나게 되는 거지.

낙엽의 붉고 노란색은 잎 속의 엽록소가 분해되면서 붉고 노란 색소가 드러난 것이다.

이때 모습을 드러내는 것이 바로 카로티노이드와 안토시아닌, 탄닌 등의 색소야. 어디선가 들어본 거 같지 않아? 카로티노이드는 노란색이나 주황색을 나타내는 색소이고, 안토시아닌은 꽃잎에 많이 들어 있는 색소로 빨간색을 나타내. 또 탄닌은 갈색을 나타내지.

단풍에 대한 설명 중 옳지 않은 것은?

1) 단풍이 드는 이유는 엽록소가 분해되었기 때문이다.

2) 단풍은 엽록소가 분해되면서 다른 색소들의 색이 밖으로 드러나는 것이다.

3) 단풍은 초여름에 든다.

정답 3) 번. 단풍은 기온이 낮아지기 시작하는 가을에 기온이 낮아지면서 들기 때문이야.

• **카로티노이드**

동식물에 널리 분포되어 있는 노란빛 또는 붉은빛 색소의 한 무리. 보통 기름에 잘 녹고, 동물의 몸 안에서 비타민 A를 만든다.

단풍은 겨울맞이 대청소

또한 잎에 단풍이 드는 이유는 추운 겨울을 견디기 위해서야. 무슨 소리냐고? 가을이 되면 밤이 길어지고 낮이 짧아지면서 햇볕을 쬐는 시간이 줄어들고 날씨도 추워지잖아. 만약 이렇게 날씨가 추워지는데도 계속해서 물을 끌어올려 잎에서 광합성을 한다면 식물은 영양분을 만들기도 전에 얼어 죽고 말 거야. 그래서 가을이 되면 나무들은 광합성 활동을 멈추고, 추운 겨울을 대비하는 거지.

어찌 보면 단풍은 식물이 겨울을 대비하는 대청소인 셈이야. 이때가 되면 세포 안에 들어 있는 효소가 늘어나 세포의 분해를 촉진시켜. 단풍을 들게 하는 여러 가지 색소는 엽록소가 왕성한 활동을 할 때에는 보조 역할을 하지만 엽록소의 활동이 멈춘 뒤에는 쓸모없거든. 또 식물의 생산 활동에 쓰이던 다른 물질들도 필요 없어지지. 이러한 것들을 모두 잎에 담아 낙엽으로 떨어뜨려 없애는 거야.

이렇게 땅으로 떨어진 낙엽은 낙엽층을 만들고, 따뜻한 새봄이 오면 곰팡이나 박테리아가 이것을 분해해서 부엽토가 돼. 부엽토에는 영양분이 많이 들어 있고 수분도 포함하고 있어서 식물에게 좋은 영양 공급원이 되어 주지! 식물들은 자신이 떨어뜨린 낙엽들을 다시 영양분으로 재활용하여 빨아들이는 셈이야. 낙엽까지 재활용하는 식물들, 참 알뜰하지? 우리도 식물의 모습을 본받자고!

단풍은 꼭대기에서 아래로 내려온다

가을 산에 가본 적 있어? 가을에 등산을 가면 알록달록 예쁜 단풍을 마음껏 감상할 수 있지. 그런데 이상한 게 있어. 산 아래에서 위로 올라갈수록 단풍이 예쁘게 물들어 있다는 사실이야. 그 이유는 무엇일까?

바로 산의 꼭대기가 산 아래보다 더 기온이 일찍 낮아지기 때문이야. 그러니까 단풍은 기온이 낮은 산꼭대기에서 시작하여 산 아래로 내려오는

단풍이 들기 시작한 설악산

거지. 꽃이 피는 순서는 그 반대겠지? 꽃은 따뜻한 산 아래에서 먼저 피고 점점 기온이 따뜻해짐에 따라 산꼭대기로 올라가며 피지.

단풍은 기온이 낮아지면서 시작돼. 가을에 낮의 길이가 짧아지고 기온이 내려가면, 성장 호르몬이 줄어들고 잎의 광합성 작용을 멈추게 되지. 이때 잎의 생장에 필요한 질소나 인과 같은 영양 물질은 휴면을 하게 될 작은 가지에 저장해. 그리고 잎에서 엽록소가 분해되면 안토시아닌과 카로티노이드와 같은 색소가 색깔을 드러내 울긋불긋 단풍이 드는 거지.

그런데 재미있는 사실 하나 알려 줄까? 단풍이 예쁘게 들기 위해서는 날씨가 중요해. 엽록소가 없어지기 전이나 없어지고 있는 동안의 날씨가 단풍의 색깔에 영향을 준다고 하거든.

만약 따뜻하고 맑은 낮과 기온이 7도 이하인 밤이 계속되면 밝고 진한 단풍이 들어. 그 이유는 잎맥이 낮 동안 잎에서 만든 당을 운반하다가, 밤 기온이 낮아지면 닫혀서 당이 잎 밖으로 운반되지 못하고 남아 있기 때문이야. 그 결과 안토시아닌을 생산하는 데 당이 많이 쓰여서, 안토시아닌 농도가 높아져 짙고 예쁜 단풍이 만들어지는 거래.

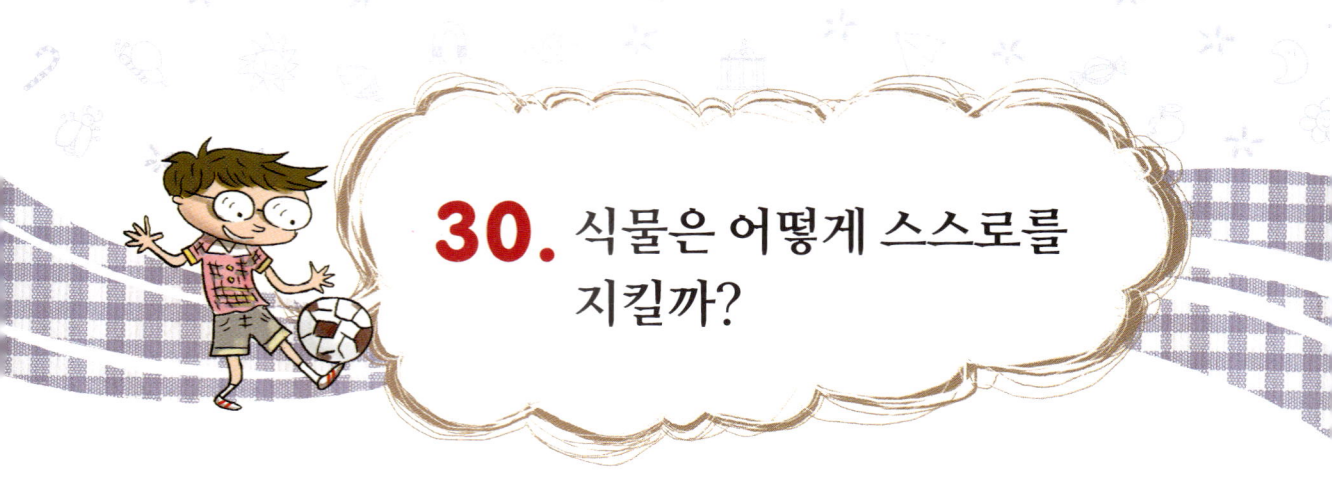

30. 식물은 어떻게 스스로를 지킬까?

으르렁, 왕왕! 아유, 시끄러워. 누가 또 봄비 밥그릇을 넘보는 거야? 봄비도 상대방을 위협할 때는 가끔 날카로운 송곳니를 드러내지.

자연에서는 먹는 자와 먹히는 자가 있게 마련이야. 그래서 자신을 지키기 위해 많은 동식물들이 안간힘을 써. 개의 송곳니나 스컹크의 방귀 냄새, 뱀의 독 그리고 고슴도치의 가시털도 모두 방어 무기지. 그렇다면 움직일 수 없는 식물은 어떻게 스스로를 보호할까?

식물이 무서워하는 적은?

식물은 동물처럼 움직일 수 없으니 적으로부터 도망칠 수 없어. 그래서 동물에 비해 불리한 입장일 수밖에 없지. 따라서 식물은 사람 혹은 곤충, 병원균과 각종 동물들로부터 쉽게 공격을 받게 돼. 이 모든 것이 식물들에게는 적인 셈이지. 그렇다고 무작정 당하기만 하는 건 아니야. 스스로 방어할 수 있는 무기를 갖고 있거든.

대체로 식물은 사람과 동물로부터 몸을 지키기 위해서 가시와 독을 사용하고, 곤충들에게는 독과 냄새 등을 사용하지. 또 균으로부터 방어하기 위해서는 독을 사용해. 정말 제법이지?

식물의 무기들

그렇다면 식물이 적들의 공격을 막기 위한 무기는 뭐가 있을까?

1) 잎의 솜털
2) 잎 가장자리에 난 톱니
3) 줄기의 가시
4) 잔디 잎의 가장자리 칼날

정답은 모두 다야. 잎의 가장자리에 돋아나 있는 톱니와 줄기의 가시, 잎의 솜털 모두 식물의 무기가 되지.

잎을 갉아먹는 달팽이에게 날카로운 가시는 접근할 수 없는 장애물이야. 잎의 가장자리에 난 날카로운 톱니 역시 잎을 갉아먹는 유충들에게는 성가신 존재이지. 또한 잎의 표면에 난 털은 애벌레가 잎을 뜯어먹는 것을 막아 주고, 기어 다니기 힘들게 만들지.

또 잔디와 같은 풀은 가장자리가 칼날 같아서 먹으려는 동물들이 쉽게 베이게 돼. 종이를 만지다가 손가락 베인 적 있지? 얇은 종이지만 손가락에 잘못 스치면 칼 못지않은 무기로 변하잖아? 여기선 식물의 잎이 예리한 칼날이 되는 셈이지. 이처럼 식물들도 적극적인 방어를 할 수 있다고. 동물의 뾰족한 이빨이나 단단한 뿔에 뒤지지 않는 무기들을 가지고 있으니까 말이야.

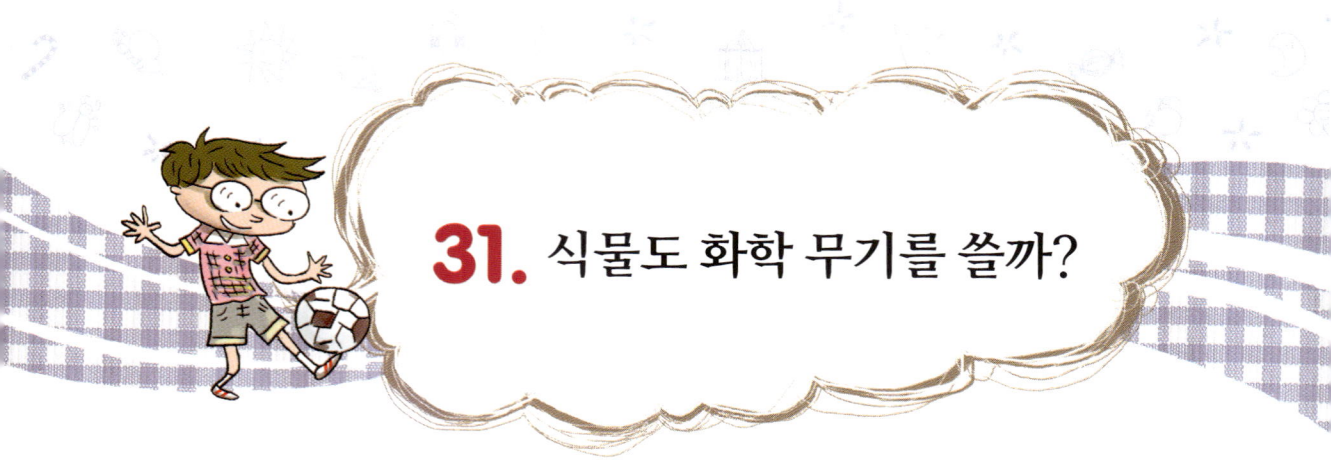

31. 식물도 화학 무기를 쓸까?

식물은 한곳에 뿌리를 박고 살아가기 때문에 평화로운 삶을 살 것 같지만, 식물의 세계도 만만치 않은 전쟁터야. 날카로운 가시나 톱니, 혹은 털과 같은 방어 무기뿐 아니라 냄새나 독 같은 화학 무기를 사용하는 식물들도 있다고. 얌전한 식물들이 무시무시한 화학 무기를 어떻게 쓰고 있는지 궁금하지?

맛과 독으로 방어하는 화학 무기

식물의 보다 적극적인 방어 수단은 천적으로부터 자신을 보호하기 위하여 천적을 죽이거나 접근하지 못하도록 화학 물질과 수액을 만들어 내는 거야. 그럼 퀴즈! 다음 중 식물이 적으로부터 방어하기 위해 화학 무기처럼 쓰는 것은 뭘까?

1) 씀바귀의 쓴 잎 2) 떫은 감나무 잎
3) 민들레 잎의 하얀 진액 4) 애기똥풀의 노란 진액

답은 모두 다야. 씀바귀와 은행나무 잎의 쓴맛, 감나무 잎의 떫은맛은 자신을 보호하기 위한 방어 무기야. 또 민들레나 왕고들빼기의 잎을 잘랐을 때에 흰색의 액체가 나오는데 이것도 초식 동물들을 물리치기 위한 무기이지.

그리고 애기똥풀의 잎을 자르면 노란색 액체가 나오고 천남성에서는 끈끈한 액체가 나오는데, 이러한 액체들은 초식 동물에게 불쾌감을 주거나 해로운 물질들이어서 초식 동물로부터 몸을 지켜 주지.

대체로 식물들이 초식 동물에게 먹히지 않고 살아남기 위해 만들어 내는 물질은 독성이 있거나 소화를 방해하는 것들이야. 모르고 먹었다가 소화를 방해하는 것으로는 떡갈나무나 감나무의 잎에 들어 있는 탄닌이 있어. 하지만 독성 물질 중에는 먹으면 죽거나 한순간 정신을 잃게 만드는 강한 것도 있지. 그러니 식물이라고 얕잡아 보다가는 큰일 나겠지?

보다 지능적인 화학 무기

한편 단순히 천적을 까무러치게 하거나 죽이는 것이 아니라, 보다 더 지능적인 화학 무기를 가진 식물들도 있어.

Ⅲ 환경과 반응

아프리카 사막을 휩쓸고 지나가며 온 세상을 황폐하게 만들어 버리는 풀무치 떼도 먹지 않는 식물이 있는데, 그건 바로 '아주가 레모타'야. 그 이유가 궁금해서 식물의 즙을 애벌레에게 먹여 봤대. 그랬더니 애벌레의 입이 막히는 등 비정상적으로 자랐다고 해. 또 어떤 식물은 직접적으로 곤충에게 피해를 주지 않지만, 그 곤충의 알이 애벌레나 번데기로 자라지 못하게 만든다고 해. 아예 적의 싹을 없애는 거지. 무시무시하지?

이에 비해 소심한 무기도 있어. 토마토의 한 종류는 곤충이 잎을 갉아 먹는 순간, 바로 그 자리에 단백질 분해를 억제하는 물질을 만들어 낸다고 해. 잎을 갉아먹은 곤충이 잎을 소화시킬 수 없게 방해하는 거지.

보다 지혜로운 식물도 있어. 사릭스 버드나무는 곤충이 침입하면 갑자기 몸을 맛이 없게 만들어. 그래서 맛을 본 벌레들은 그냥 지나치게 된대.

🍃 씨앗은 독성을 가지고 있다고?

씨앗은 대체로 독성을 가지고 있어. 자신을 보호하기 위해서이지. 그리고 씨앗은 발육이 완전히 끝나기 전까지는 단맛이 없고, 색깔 또한 어두운 것이 특징이야. 또 신맛을 내거나 독성을 갖고 있어서 적의 공격을 쉽게 받지 않지. 그러나 종자가 성숙하고 나면 색깔이 아름답게 변하고 맛도 좋은 과육으로 변하기 때문에 동물들이 즐겨 먹게 돼.

화학 물질로 위험을 알린다고?

식물은 움직일 수 없지만 자신이 공격받게 되면 그 공격자의 천적을 불러내는 물질을 분비하기도 해. 정말 놀랍지? 이렇게 적을 유인하는 물질은 대개 휘발성 가스 성분으로 현재 밝혀진 건 20가지 정도가 된대.

야생장미의 어린 순은 유난히 연하고 맛이 좋아 진딧물에게 인기가 많아. 그런데 야생장미는 진딧물의 공격을 받는 순간 어린 순에서 특수한 휘발성 가스를 내뿜는대. 이 가스는 주변으로 퍼져나가 다른 식물들에게 적이 나타났다

는 걸 알리지. 그리고 이 가스를 맡고 무당벌레가 모여들어 진딧물을 잡아먹는다고 해.

또 담배는 벌레가 잎사귀를 갉아먹는 순간 이 사실을 다른 담배들에게 퍼트리는 살리실산이라는 물질을 만들어 내. 주변의 담배들은 이 냄새를 맡고 벌레의 출현을 알아차린 뒤 일제히 특정한 화학 물질을 분비하지. 이 물질은 곤충의 소화 억제 물질로 작용하기 때문에 해충이 더 이상 담배를 갉아먹지 못하게 하는 거야.

그럼 이런 강력한 무기를 가진 식물들이 언젠가 지구를 다 차지하게 되는 건 아니냐고? 걱정하지 마. 아무리 강력한 화학 무기로 무장을 해도 쓰러뜨릴 수 없는 강적은 있게 마련이니까. 자연의 먹이 사슬은 생각보다 훨씬 정교하게 짜여 있다고.

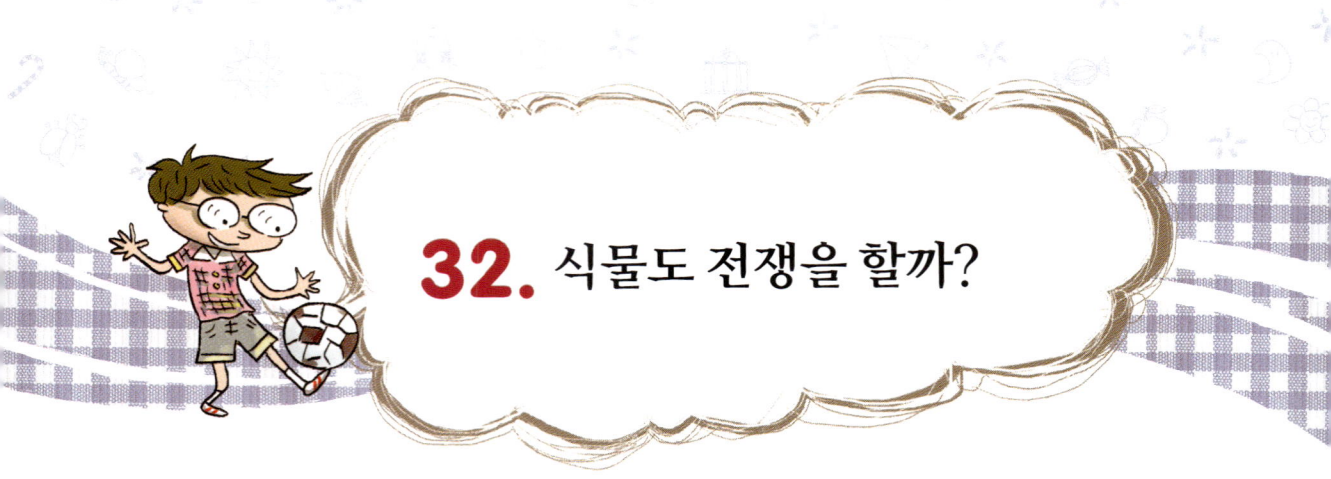

32. 식물도 전쟁을 할까?

요즘 봄비가 많이 고달파. 옆집에 개 한 마리가 이사 왔는데 앉아, 일어서, 굴러 못하는 게 없는 거야. 우리도 그냥 있을 수 없잖아? 그래서 봄비도 맹훈련 중이지.

봄비는 식물이 너무너무 부럽대. 그러면 온 세상에 골고루 비치는 햇빛과 골고루 내리는 비를 맞으면서 살면 되잖아. 먹이 받아먹으려고 고생 안 해도 되고 다른 식물하고 경쟁 같은 건 안 해도 될 거라고. 그런데 과연 그럴까?

아니야. 그건 봄비가 한참 잘못 알고 있는 거지. 지금부터 흥미진진한 식물들 간의 전쟁 이야기를 시작해 볼까?

보이지 않는 식물들의 경쟁

식물이 살아가기 위해서는 적절한 온도와 햇빛, 물 등 여러 가지 환경이 충족되어야 해. 물론 이러한 조건이 갖춰졌다고 해도 다른 식물과 함께 나눠야 한다면 문제가 될 수 있지.

가장 치열한 경쟁은 햇빛 때문에 일어나. 숲에는 수많은 종류의 식물이 함께 살고 있어. 하늘을 찌를 듯이 빽빽이 들어차 있는 큰 나무 그늘에는 수많은 종류의 작은 식물들이 살고 있지.

키가 크면 큰 대로, 작으면 작은 대로 저마다 햇빛을 받기 위해 치열한 경쟁을 하고 있어. 키 큰 나무는 빛을 차지하기 위한 이웃과의 경쟁 때문에 위로 곧게 자라지.

그런데 키 큰 나무에 가려진 키 작은 식물들은 빛을 얻기가 무척 힘들어. 그래서 빛이 부족한 숲 속에서 살아남는 법은 약한 빛으로 견디는 법을 찾거나 키를 키우는 것뿐이야. 이렇게 살아남은 것이 음지 식물이지. 음지 식물은 적은 빛으로도 살아갈 수 있도록 적응했거든.

키 큰 식물이라고 해서 걱정이 없는 것은 아니야. 키 큰 나무는 땅에 떨어진 씨앗이 자신의 그늘에 가려서 자라기 힘들어. 빛이 많이 필요한 씨앗이 그늘에 가려 싹을 틔울 수 없으니 자손을 번식시키기가 쉽지 않은 셈이지. 키가 커도 고민, 작아도 고민이야.

숲의 주인을 바꾸는 '천이'

식물의 군락은 오랜 세월을 거치는 동안 수차례 주인이 바뀌어 왔어. 한 종이 땅을 차지하고 오랫동안 살다 보면 다른 식물이 침입해 들어오기 때문이야. 아무것도 없는 땅에 처음으로 들어온 식물은 개척자 식물이라고 해. 그러다 새로운 식물이 침입을 하고 서서히 자리를 빼앗기게 되면서 식물 종이 교체되지. 이렇게 시간의 경과에 따라 새로운 종의 식물로 교체되는 것을 '천이'라고 해.

천이는 보통 잎이 넓은 일년생 식물로 시작돼. 그러다 곧 넓은 잎 다년생 식물로 바뀌지. 그건 일년생 식물이 매번 종자를 만들어 싹을 틔우는 동안 다년생 식물이 계속 생장하여 공간을 차지해 버리기 때문이야.

그러다 다년생 식물보다 키가 큰 관목으로 군락이 교체되고, 다시 그것보다 더 큰 교목들로 교체되는 과정을 겪게 돼. 이러한 천이 과정이 진행되다가 가장 안정된 군락을 이루게 되는데 이것을 '극상'이라고 해. 하지만 외형적으로 극상을 이루고 있다고 해도, 그 안에서는 끊임없이 경쟁이 일어나고 있어.

숲의 천이 과정

균류·조류 등의 지의류가 나타남 / 초본이 자람 / 양수림 / 혼합림 / 음수림 (극상)

소나무의 영역 싸움

동물들이 자신의 배설물이나 분비물로 영역 표시를 하듯이 식물도 자신의 영역을 지키기 위해 비슷한 행동을 한다면 믿겠어?

가장 대표적인 것이 소나무야. 소나무는 자신의 일정한 영역 안에 다른 나무가 자라지 못하게 하거든. 실제로 소나무 숲에 가면 주변에 솔잎만 떨어져 있을 뿐 다른 식물들이 없는 것을 발견할 수 있을 거야.

소나무는 자신의 개체가 아닌 식물이 자랄 수 없도록 뿌리에서 갈로탄닌이라는 물질을 분비해. 식물들 간의 이러한 싸움을 다른 말로 알레로파시라고도 부르지. 이것은 식물의 뿌리나 잎 등에서 방출되는 화학 물질이 주변의 다른 식물의 발아를 억제시키거나 생장을 저해하는 것을 말해. 겉으로 보기에 고고하고 청렴하게 푸르른 소나무이지만 알고 보니 좀 이기적이지?

식물이 몸싸움도 한다고?

더구나 식물은 동물처럼 몸싸움도 해. 개인끼리 하기도 하고, 여럿이서 패싸움을 하기도 하지. 대개 뿌리를 뻗어서 상대의 뿌리를 감거나 누르는 등 땅속에서부터 싸움을 시작해. 그러다 줄기로 상대를 감아서 생장을 못하게 하거나 죽이기까지 하지.

패싸움은 보다 커다란 세력을 만들기 위해서 함께 뭉쳐 상대의 영역을 침범할 때 주로 해. 또 종자를 다른 지역에 번식시켜 새로운 영역을 만들기 위해서 하기도 하지.

Ⅲ 환경과 반응 121

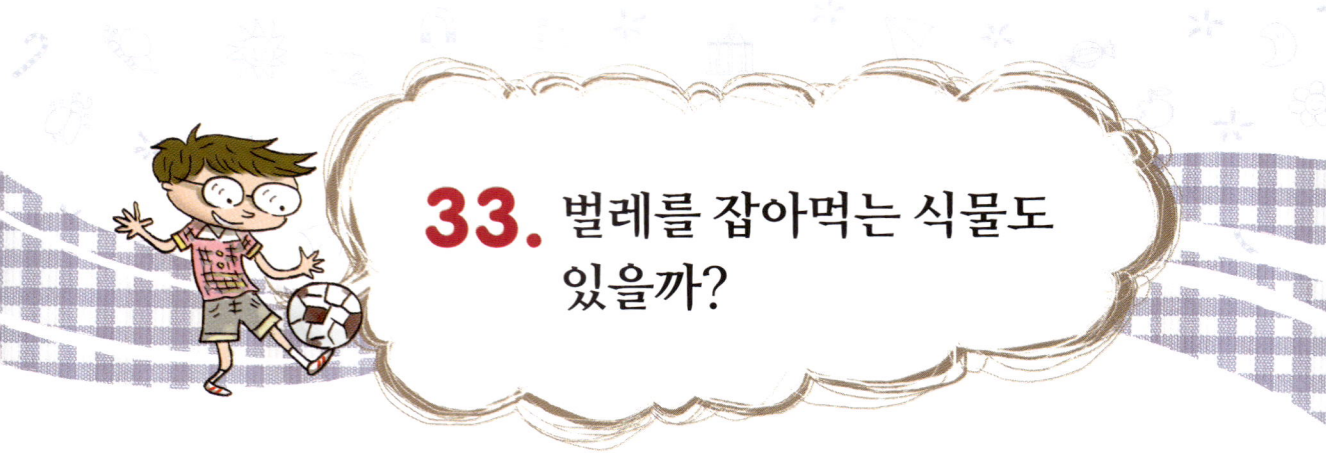

33. 벌레를 잡아먹는 식물도 있을까?

식물도 우리처럼 숨을 쉬고, 스트레스를 받고, 싸우기까지 한다니 놀랍지? 그런데 아직 끝이 아니야. 더 놀라운 사실이 아직 남아 있다고. 무시무시하고 잔인한 식물 이야기 속으로 들어가 볼까?

파리지옥과 끈끈이주걱

식물에게 곤충은 아주 고마운 존재야. 꽃가루받이를 할 때 곤충이 없다면 자손 번식을 포기해야 될지도 모르거든. 하지만 이런 곤충의 고마움도 모르고 마구 잡아먹는 식물들도 있어. 식물이 동물을 잡아먹다니 믿어지지가 않는다고? 하지만 이런 일이 실제 벌어지고 있어.

가장 대표적인 것은 파리지옥과 끈끈이주걱이야. 파리지옥이라는 말을 들으니 으스스하지? 오죽하면 파리의

지옥이라는 이름이 붙었겠어.

파리지옥은 키가 20~30센티미터 정도이고, 줄기 끝에 흰색의 작은 꽃이 둥글게 무리지어 피어 있어.

파리지옥

끈끈이주걱

잎은 길이가 8~15센티미터이고 두 개의 원형 이파리가 가운데를 중심으로 접을 수 있게 되어 있지.

양쪽 이파리에 3개씩 모두 6개의 감각모가 있어 자극을 받으면 오므려지는 거야. 보통 곤충(먹이)이 자극하면 약 1.5초 만에 닫힌다고 해. 곤충이 잡히면 잎 표면의 샘에서 붉은 소화액이 나와서 잎 전체가 붉은색의 꽃처럼 보여. 약 10일 정도 곤충을 소화하고 나면 다시 잎이 열리지. 보통 곤충을 3~4마리 잡은 후에 파리지옥은 모든 에너지를 써 버리고 죽고 말아.

끈끈이주걱은 기다란 잎에 털들이 촘촘히 덮여 있고, 털끝에 끈끈한 점액이 몽글몽글 맺혀 있어. 벌레를 붙잡아 둘 정도로 점성이 강할 뿐 아니라 양도 많지. 털에는 선모가 달려 있는데 이것들이 곤충을 붙잡고 있다가 그물망처럼 둘러싸고 삼켜 버리지.

벌레를 먹기 시작한 진짜 이유

파리지옥과 끈끈이주걱이 사는 곳은 습한 곳이야. 늪 또는 습지 등지에서 살지. 그런데 늪이나 습지의 토양은 일반 토양에 비해 산소가 부족하고 공기가 드나들지 못해.

또 습지에는 많은 종류의 일년생 식물이 자라고 있어 이들의 사체가 겹겹이 쌓여 있지. 많은 양의 유기물이 쌓이지만 이들을 분해하는 미생물이 적어서 잘 썩지 않는 것이 문제야. 쉽게 말해 죽은 식물들이 빨리빨리 분해되면서 질소가 만들어져야 하는데 그게 안 되는 거지.

그래서 파리지옥이나 끈끈이주걱은 생존 방법을 확 바꾸었어. 곤충을 직접 잡아먹어서 필요한 영양분을 섭취하기로 한 거지.

남는 장사여야 일을 시작한다?

파리지옥은 생각보다 영리한 식물이야. 먹이 사냥을 하기 전에 이익부터 따져 보거든. 파리지옥이 소화액을 분비해 먹이를 소화하고 흡수하는 데는 무척이나 오랜 시간과 많은 에너지가 필요해. 자칫하면 소화시키는 데 더 많은 에너지가 들어서 얻는 것보다 잃는 것이 더 많아질 수도 있지.

그래서 파리지옥은 곤충이 잎에 갇힌 후에도 금방 소화액을 분비하지 않아. 그 이유는 잎의 톱니 사이에 난 틈으로 작은 곤충을 내보내기 위해서야. 작은 곤충은 소화시켜 봤자 영양분이 적기 때문에 소화시킬 때 쓰는 에너지를 모두 얻을 수 없거든. 그래서 이 틈을 통해 작은 곤충이 자연스럽게 빠져나갈 수 있도록 한 거지. 정말 영리한 식물이지?

반대로 덩치가 큰 곤충은 빠져나갈 수 없으니까 나가고 싶어 몸부림을

치게 되고 그로 인해 파리지옥이 다시 자극을 받게 되면 비로소 소화액을 분비하는 거야.

다양한 벌레잡이 식물들

파리지옥과 끈끈이주걱뿐 아니라 벌레잡이 식물은 여러 종류가 있어.

사라세니아는 항아리나 트럼펫 혹은 주머니처럼 생긴 특이한 모양의 잎을 갖고 있어. 곤충들은 꿀분비샘에 이끌려 주머니잎 입구로 유인되고 일단 꿀을 모으기 위해 밑으로 내려가면 다시는 나오지 못하고 갇히게 돼. 이 밖에 벌레잡이 식물로는 네펜데스와 벌레잡이제비꽃 등이 있어.

항아리 모양 잎을 가진 사라세니아

이처럼 곤충을 잡아먹는 식물이 있다는 건 식물이 그만큼 환경에 대한 적응력이 뛰어나다는 걸 말해 줘.

함께 살아가는 사람과 식물

이렇게 곤충을 잡아먹는 식물도 있지만 대부분의 식물은 광합성과 호흡을 하면서 지구상의 생물들을 먹여 살리고 있어. 우리도 식물 없이는 살아갈 수 없지. 그런데 요즘 우리는 식물을 흔히 볼 수 없어. 특히 도시에서는 말이야. 그런데 도시뿐만 아니라 울창한 밀림에서도 나무를 마구 베어 내서 점점 식물이 설 자리가 줄어들고 있다고 해. 지금이라도 우리가 살아가기 위해서 식물이 꼭 필요하다는 것을 깨닫고 식물을 보호해야겠어.

● 찾아보기

ㄱ

가시광선 | 56, 101
갈로탄닌 | 121
감광성 | 90
감성 운동 | 90
감열성 | 90
겉씨식물 | 21
겨울눈 | 106
곁뿌리 | 13
공변세포 | 28
관다발 | 20, 22, 45
굴광성 | 89, 93
굴성 | 89
굴수성 | 89
굴지성 | 89
굴촉성 | 89
굴화성 | 90
그라나 | 54
극상 | 120
근압 | 24
글리코겐 | 63
기공 | 23, 28, 34, 38, 59, 78, 94, 103
끈끈이주걱 | 122

ㄴ

나이테 | 44
녹말 | 13, 19, 61, 69, 71, 75

ㄷ

다윈 | 93

ㄹ

라멜라 구조 | 54

ㅁ

먹이 사슬 | 63, 81, 117

명반응 | 69
모세관 현상 | 23
물관 | 12, 18, 23, 26, 42, 55

ㅂ

바이오 연료 | 65
반투막 | 16
배양액 | 39
부름켜 | 19, 42, 44
뿌리골무 | 12
뿌리압 | 23
뿌리털 | 11, 14, 25, 38

ㅅ

삼투 현상 | 17
생장 운동 | 88
생장점 | 12, 20, 41, 44, 92
세포 분열 | 41, 93
소쉬르 | 69
수면 운동 | 91
수소 연료 | 71
수염뿌리 | 13
스트로마 | 54
쌍떡잎식물 | 13, 19

ㅇ

안토시아닌 | 109
알레로파시 | 121
암반응 | 69
양치식물 | 21
에틸렌 | 93
엽록소 | 38, 54, 71, 100, 108
엽록체 | 20, 54, 60, 69, 100, 108
엽침 | 91
옥신 | 92

온실 가스 | 72
온실 효과 | 72
외떡잎식물 | 13, 19
원뿌리 | 13
음지 식물 | 99, 119
잉겐하우스 | 68
잎뎀 현상 | 101
잎살 조직 | 99

ㅈ
종자식물 | 21
지베렐린 | 93

ㅊ
천이 | 119
체관 | 12, 18, 42, 55, 61

ㅋ
카로티노이드 | 100, 109
크놉액 | 39

ㅌ
탄닌 | 109, 115

탄수화물 | 12, 60, 63, 69, 81
틸라코이드 | 54

ㅍ
파리지옥 | 122
팽압 | 91
표피 세포 | 15, 100
프리스틀리 | 67
플라보노이드 | 100
플로리겐 | 93

ㅎ
호기성 세균 | 57
후면 | 105, 106, 111

A~Z
DSC(연료 감응형 태양 전지) | 70

사진 출처

43쪽　높이 솟은 나무 – 이미지 투데이
109쪽　낙엽 – 이미지 투데이
111쪽　단풍이 들기 시작한 설악산 – 이미지 투데이
123쪽　파리지옥 – 이미지 투데이
123쪽　끈끈이주걱 – 이미지 투데이

● 식물 관련 교과

	차례	교과 과정
I 신비한 식물의 구조	01. 뿌리 속은 어떻게 생겼을까?	식물의 한살이
	02. 뿌리는 어떻게 물을 빨아들일까?	식물의 한살이
	03. 물관과 체관은 어떤 일을 할까?	식물의 구조와 기능
	04. 식물은 물을 어떻게 위로 끌어올릴까?	식물의 한살이
	05. 식물은 왜 물을 뿜어낼까?	식물의 구조와 기능
	06. 기공은 어떻게 열리고 닫힐까?	식물의 구조와 기능
	07. 증산 작용은 언제 잘 일어날까?	식물의 구조와 기능
	08. 식물은 무엇으로 자랄까?	식물의 한살이
	09. 나무는 얼마나 높이 자랄까?	식물의 세계
	10. 나이테로 방향을 알 수 있을까?	식물의 한 살이
II 광합성과 호흡	11. 식물은 어떻게 광합성을 할까?	식물의 구조와 기능
	12. 엽록소는 어떤 빛을 좋아할까?	식물의 구조와 기능
	13. 식물이 광합성을 잘할 때는 언제일까?	식물의 구조와 기능
	14. 엽록체 공장에서는 무슨 일을 할까?	식물의 구조와 기능
	15. 지구에 식물이 없다면 어떻게 될까?	생태계와 환경
	16. 광합성의 비밀은 어떻게 밝혀졌을까?	연소와 소화
	17. 광합성을 흉내 낼 수 있을까?	에너지와 도구
	18. 숲을 가꿔야 하는 이유는?	생태계와 환경
	19. 식물도 숨을 쉴까?	식물의 구조와 기능
	20. 식물은 어떻게 숨을 쉴까?	식물의 구조와 기능
	21. 탄소는 지구를 어떻게 돌고 돌까?	생태계와 환경
	22. 산소 없이 살 수 있을까?	여러 가지 기체
III 환경과 반응	23. 식물도 자극에 반응할까?	우리 몸
	24. 식물도 호르몬을 분비할까?	식물의 구조와 기능
	25. 식물도 온도의 영향을 받을까?	생태계와 환경
	26. 식물은 언제나 빛을 좋아할까?	생태계와 환경
	27. 사막에서 식물이 살 수 있을까?	생태계와 환경
	28. 식물도 겨울잠을 잘까?	생태계와 환경
	29. 식물은 추운 겨울을 어떻게 이겨 낼까?	생태계와 환경
	30. 식물은 어떻게 스스로를 지킬까?	생태계와 환경
	31. 식물도 화학 무기를 쓸까?	생태계와 환경
	32. 식물도 전쟁을 할까?	생태계와 환경
	33. 벌레를 잡아먹는 식물도 있을까?	생태계와 환경